発達障害のある子どもができることを伸ばす!

幼児編

監修◎
浜松医科大学児童青年期精神医学講座特任教授
杉山登志郎
中京大学現代社会学部教授
辻井正次
協力◎
NPO法人
アスペ・エルデの会

日東書院

はじめに

この本は、ＮＰＯ法人アスペ・エルデの会の最近の実践をもとに、発達障害のある子どもたちへの支援の基本をわかりやすくまとめたものです。アスペ・エルデの会は１９９２年に研究プロジェクトからスタートし、その後、家族会を軸に展開している発達支援システムです。特にアスペルガー症候群や高機能自閉症などの知的障害のない発達障害の自助グループや支援においては、世界的にも早い段階から取り組んできました。スタートした段階で、長期的な方針を持っていたわけではないのですが、参加する子どもたちの成長につれて起こってくるいろいろな課題に対応しているなかで、現在も支援を継続しています。現在、専門家と家族たちとの関係を議論し直していたり、グループ・ホームなど地域での「親亡き後」をどのようにしていくかなどについて議論をし始めている状況で、運営においての問題を抱きつつ進められています。

支援においては、学齢期からは定期的な発達支援のマネジメントをしていく地域ごとでの支部活動と、必要なプログラムごとで行なわれる介入グループ、三河湾の日間賀島《ひまかじま》で行なわれる夏季集中合宿などのプログラム開発をメインにした取り組みとが展開されています。さらに幼児期においては、各種のセミナーやＭＩＤＩグループという幼児向けの発達支援プログラムを実施しており、本書はそうした取り組みをまとめたものです。実際には、親のためのペアレント・トレーニングのほか、子どものスキル・トレーニングのためのワークブックやサポートブックの形にして、発達支援を特定の有能な支援者しかできない実践ではなく、多くの支援者が共有できる仕組みにしていくことをめざしています。

　本書は、そうした実践のまとめとなるもので、幼児期の発達障害のお子さんを持つ家族や支援者の皆さんにとって、取り組みの大枠を考えてもらえる入門的な資料になると思います。より具体的な取り組みや介入のあり方については、アスペ・エルデの会や日本発達障害ネットワークの加盟団体などが行なう、ワークショップ型のセミナーなどにご参加いただき、理解を深めていただくことを期待しております。

平成23年9月

杉山登志郎
辻井正次

＊この本の登場人物＊

Cちゃん

ゆっくり＆不器用タイプ

ぼーっとしていてあまり反応しないように見える。不器用さもあり、発達が全体にゆっくりペース。

Dちゃん

変化に対応できないタイプ

慣れればいろいろなことができるが、変化に対応できず、新しいことが苦手。

Bくん

リズムが難しいタイプ

生体リズムが乱れやすく、できるときとできないときの差が激しい。テンションも上がりやすい。

Aくん

多動性・過敏性タイプ

音や光などいろいろな刺激に過敏。偏食もある。落ち着きがない。

第1章

発達障害をどうとらえるか

まずは、発達障害の基本理解から。
「障害か、そうでないか」にとらわれるのではなく、
うまくいきにくいタイプなら
「どうすればうまくいくか」という
視点を持ちたいものです。

発達障害とは

変わってきた「障害」の考え方

発達障害とは、２００５年に施行された発達障害者支援法には、左記囲みのように規定され、（他の法律との整合性から）知的障害を除く定義が一般に用いられています。ただし、知的障害のある自閉症などは定義に含まれますし、学術的には知的障害（精神発達遅滞）や脳性麻痺などを含めて広い意味で発達障害ととらえることもあります。

学習障害（LD）、注意欠陥多動性障害（ADHD）、自閉症スペクトラムなどの発達障害のある子どもは約6％、1クラスに1～2人の割合で存在するといわれています（※1）。また、特別支援学級（知的障害を含む）の在籍者は4年間で約30％増加しているという統計もあります（※2）。いずれにしても、急増しているというのが、わが国の発達障害の現状といえそうです。

そうした現状と発達障害者支援法の施行を背景に、「障害」の考え方（障害概念）も変わってきています。従来は視聴覚障害、脳性麻痺など比較的目で見てわかるものを中心に「障害」として扱われてきましたが、知的障

発達障害者支援法による定義

「発達障害」とは、自閉症、アスペルガー症候群その他の広汎性（こうはんせい）発達障害、学習障害、注意欠陥多動性障害その他これに類する脳機能の障害であってその症状が通常低年齢において発現するものとして政令で定めるものをいう。

※1　文部科学省「通常の学級に在籍する特別な教育的支援を必要とする児童生徒に関する全国実態調査」（平成14年）

※2　文部科学省「特別支援教育資料」（平成19年度）

害はほとんどないか軽微である発達障害の場合、外見上わかりません。また、定型発達（大多数の人の発達過程）との境界もはっきりと分けられるものではありません。何をもって障害と呼ぶのかというのはいまだ議論のあるところではありますが、「特別な配慮を必要とする特性を持っている人たちに対して、それぞれのニーズに合わせた支援を行なっていかなければならない」ということが、発達障害者支援法によって既に定められていることは知っておきましょう。

　加えて、発達障害は「環境や対応によって変化する」ということも覚えておきたい点です。発達期に問題が明らかになるけれども、対応によっては障害が目立たなくなり、困難をきたすことなく社会生活を営んでいく可能性もあるのです。

　そしてもう一つ、大事な考え方は「障害を取り除くべきものとは考えない」ということです。もともと、注意集中や社会性や学習能力において不利な部分を持っているけれども、それはいわば体質のような、特性の一つであって、人はそれだけで生きているわけではありません。たとえば、注意が続きにくい特性は仕事の取りかかりが早いという面に置き換えることができ、こだわりや狭い興味は一つのことをやり続ける持続力に置き換えることができます。苦手なところ、うまくいきにくいところは支援することによってうまくいくようにすればよく、得意なところは伸ばしていけばよいのです。一人ひとり異なる子どもの特性に合わせた支援を行なっていくことは、発達障害のあるなしにかかわらず、大切なことです。

よくある？ワード

こういう子は昔からいた

「今までうまくやってきた」「こんな子を障害と呼ぶのはおかしい」あるいは「自分もそうだった」という意見があるかもしれません。しかし、発達障害者支援法の施行を受けて、障害概念が大きく変わってきていることは理解しておく必要があります。障害と呼ぶかどうかにかかわらず、困った行動や苦手な特性があれば、必要に応じてサポートしたほうが子どものためになるでしょう。

よくある？ワード

ちょっと変わっているから発達障害？

　教育現場での支援のための判断基準と、医師が医学的に用いる診断基準は若干の違いがあります。医学的な診断がないと支援が受けられないわけではありません。

　診断は社会的な支援を得るなど、本人が生きやすくなるためのものです。ちょっと変わっているからといってレッテルを貼ったり区別をするだけの診断は、なされるべきではありません。

発達障害の特性を理解する

「生まれつき」の違いがある

近年、発達障害についての研究は日進月歩で進んでいます。その代表的な成果の一つは、発達障害の子どもたちには生まれつき脳機能の違いがあることが明らかになってきたことです。

たとえば、自閉症スペクトラムの人と定型発達の人とでは、セロトニンやノルアドレナリン、アセチルコリンという神経伝達物質にかかわる脳内の神経ネットワークに明確な違いがあることが脳画像研究によって見出されました。また、脳機能の活性のしかたに違いがあることも、脳画像を用いた実験的研究により明らかになりました。

かつて、自閉症は母子関係や養育の問題といわれた時代がありましたが、このように脳機能の違いを目で見られるようになったことで、それは誤りであったことがわかりました。現在では、自閉症は複数の要因が関与する多因子疾患（左記囲み）であるというのが定説です。

生まれつき脳の機能に違い（障

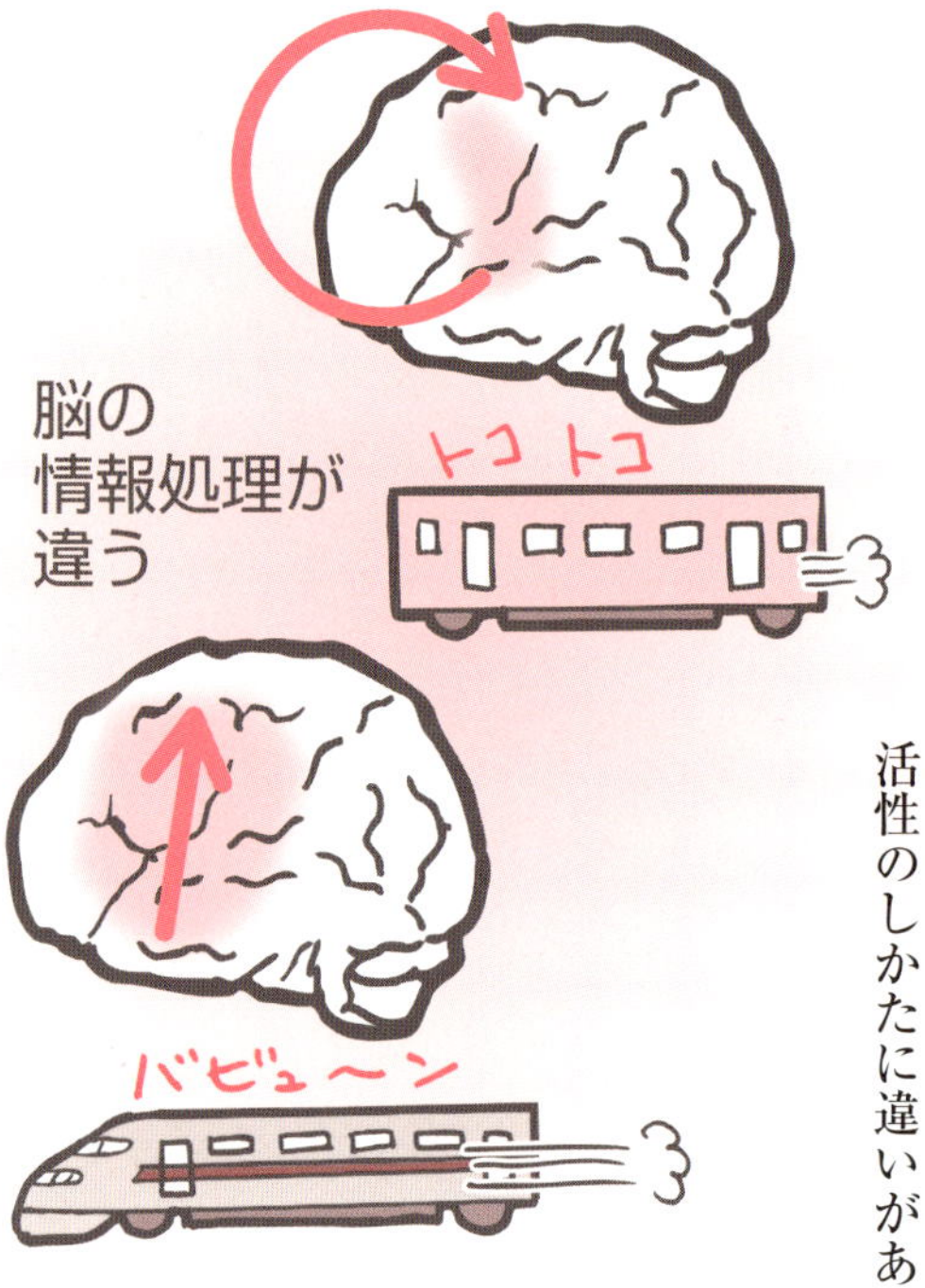

多因子疾患とは

複数の遺伝子と環境要因の相互作用により発症すると考えられている疾患。高血圧などの多くの生活習慣病と同様、「なりやすさ」が遺伝するのであり、遺伝子を持っていれば必ず発病する遺伝病とは違う。

害）があるといっても、それは「できない」ということではありません。情報処理のしかたが違うだけで、覚え方が違うのだと考えられます。脳機能において多くの定型発達の人とは異なるバイパスを活性化させて処理していくのではないかと推測されています。つまり、いろいろなことが多くの人たちと同じような方法ではできないが、自分なりにわかりやすい方法でコツをつかめばできるようになっていくということです。

定型発達と発達障害は陸続き

このような生まれつきの脳の基盤にも、個人差があります。たとえ同じ診断であっても一人ひとり状態は異なりますし、特に診断基準にはあてはまらなくとも、感覚の過敏性や不器用さを持っていれば問題は大きくなることもあります。

したがって、発達障害と定型発達とはグラデーションのようにひと続きにイメージすることができます（図1）。特に近年、アスペルガー症候群を含む広汎性《こうはんせい》発達障害は、自閉症を中核とした連続性のある「自閉症スペクトラム（連続体）」としてとらえられるようになっています。

自閉症スペクトラムをお酒にたとえて考えるとわかりやすいでしょう（図2）。もともと度数の強いウイスキーなのか、弱いワインなのかという〝生まれつきの濃さ〟の違いもありますし、さらに個人においても、どのくらいの薄さかという、いわば〝濃さや薄まり具合〟の違いもあるというふうに考えられます。

＊スペクトラム（連続体）の考え方（図1）

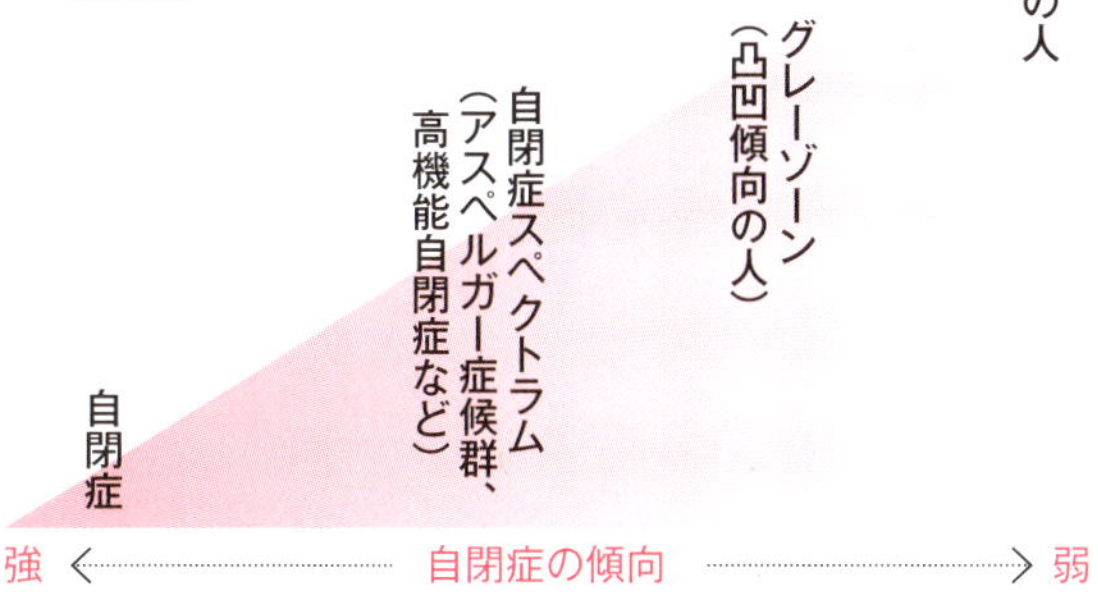
一般の人
グレーゾーン（凸凹傾向の人）
自閉症スペクトラム（アスペルガー症候群、高機能自閉症など）
自閉症
強
自閉症の傾向
弱

定型発達と発達障害の境界線はあいまい。発達障害の特性がより強い人から、社会的困難がほとんどない人まで連続性があり、発達過程のなかでも状態は変動する。

＊自閉症スペクトラムをお酒にたとえると（図2）

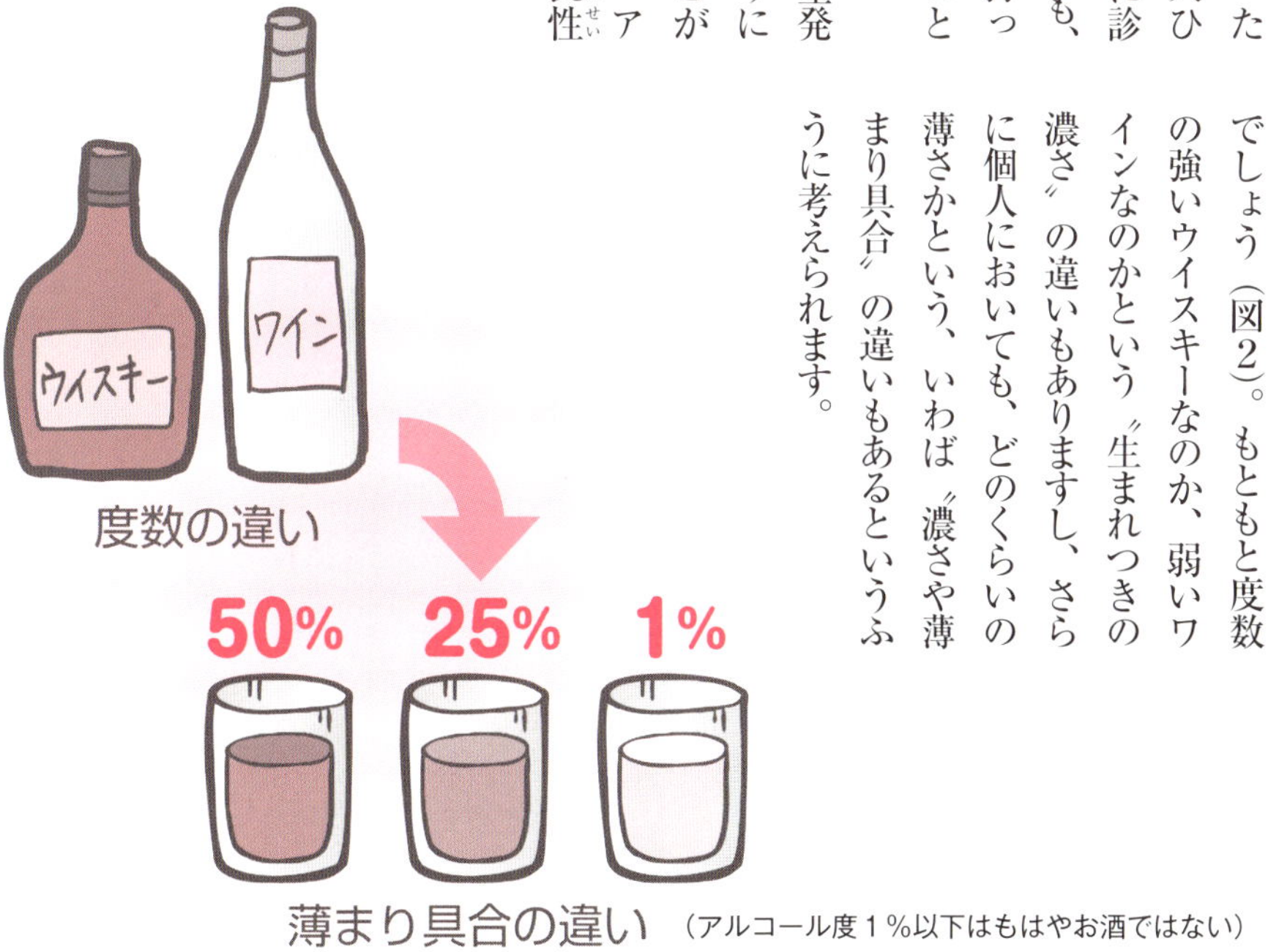
ウイスキー
ワイン
度数の違い
50%
25%
1%
薄まり具合の違い（アルコール度１％以下はもはやお酒ではない）

「障害」をどうとらえるか

もともとの特性が環境条件のなかで発現

　前項で発達障害は脳の基盤に生まれつきの違いがあるが、個人差が大きいと述べました。さらに、環境や経験による個人差もあります。早期に適切な支援を得ることができたか、逆に虐待的な体験をしたかといった後の環境要因によっても、状態はよくなることもあれば、悪くなることもあるのです。

　これは、生まれつきの脳の基盤だけで説明できるものではありませんし、経験だけから説明できるものでもありません。もともと持って生まれた特性が、環境条件のなかで症状や行動として現れてくるといえるでしょう。したがって、現在の研究でわかってきている脳の基盤を理解しつつ、環境の与えるよい影響、悪い影響を考えていくことが大切だといえます。

「障害」はできないことではない

　ここでいう個人差とは、できる子とできない子がいるという意味ではありません。何かを学

よくある？ワード

障害があるんですか？ないんですか？

　定型発達と発達障害は陸続きであり、どこからが障害でどこからが障害でないと明確に分けられるものではありません。発達障害の特性を持っているものの社会的にほとんど困難がなく過ごしている人もいる一方で、「生きづらさ」を抱えている人もいます。そうした社会的困難や不適応状態のある場合を「障害」と考えます。

んだり身につけていったりする過程で、自然にすっと学んでいく子と、その子に合った学び方の工夫が必要な子がいるという意味です。この差を「障害」と呼ぶとすれば、障害とは決して「できないこと」ではありません。道筋は違っても、みんなできていくのです。

すべての子どもは、それぞれにいいところ、苦手なところを持ったかけがえのない存在です。「みんなと同じで当たり前」という前提のもとでは「できなさ」ばかりが注目されがちですが、「誰にでも苦手なことはある。苦手なことは人に助けてもらったり教えてもらったりする」という前提があれば、「どうすればできるか」に注目することができるし、少しの助言や説明を加えながらうまくやり方を教えることは、当たり前のことだとわかります。

発達障害は外見上わかりにくいだけに「どうしてみんなと同じようにできないの」と叱責されることが多いのですが、社会性に障害がある子どもに「みんなと同じようにやりなさい」と言うのは、目が見えない人に「見ろ！」と言うようなものです。だからといってみんなと同じ行動がとれなくていいわけではありませんが、適切な行動を身につけるまでの教え方には工夫が必要です。そして、そうした丁寧な教え方というのは、発達障害があるわけではない子どもにとっても大いに役立つのです。

よくある？ワード

治療すれば治るんですか？

発達障害の特性は生まれつきの体質のようなものであり、一生つき合っていくものです。激しい問題行動を一時的に抑えるために対症療法として薬が使われることもありますが、根本的には決して「取り除くべきもの」ではありません。うまくいきにくい特性があっても、行動を修正し、状況を改善していくスキルを身につけることで、社会に適応して豊かな生活を送ることができます。

子どものタイプに気づく

診断にかかわらず実際のサポートが大切

子どものできることを伸ばすためのサポートは、まず周囲の大人がその子の特性に気づくことから始まります。そして、その特性は決して家庭のしつけのせいでもなく、幼稚園や保育所の指導のせいでもないということを理解しておくことが必要です。

発達障害の子どもたちは、脳の基盤の違いにもとづく特性から、将来、地域社会や学校で日常生活を送っていくうえで、うまくいきにくいことがあります（図3）。それらを診断名でとらえると、たとえば他者の意図や場面が読みにくく、状況が自然にわかりにくいためにトラブルを起こしやすいのが「自閉症スペクトラム」、注意集中を維持

＊発達障害の子どもに見られるおもな特性
（図3）

興味・関心のかたより（こだわり）
コミュニケーションの難しさ
●視覚優位（話し言葉が苦手）
●複数の情報の処理が困難
選んで持ってきて
感覚の過敏・過鈍性
キ～
ニコニコ
記憶がいい
●写真的な記憶
ワクワク
多動・落ち着きのなさ
動きのぎこちなさ

することや自己コントロールが苦手でトラブルを起こしやすいのが「注意欠陥多動性障害（ADHD）」、知的能力に問題はないのに読み書きや計算などの学習においてつまずきがある「学習障害（LD）」などということになります（表1）。

医学的に診断を受けることは、周囲でかかわる人の共通理解を促す意味で役立ちます。また、福祉制度など行政上の支援を利用する場合には診断が必要になります。ただし、幼児期では診断までいたらなかったり、発達の過程で状態が変わることもあります。子育ては生まれたときからスタートしてこれからも続いていくのですから、診断がなければ何もしないということではなく、診断のあるなしにかかわらず、実際的なサポートが大切であるということは心にとめておきましょう。

発達障害は乳児期から存在する

乳児期で発達障害の診断がなされることは多くはありませんが、放っておくと自然には獲得できないまま、その後の発達に影響を及ぼすような「気になること」は、やはり乳児期から存在します。たとえば、運動機能の微妙な遅れ、物の握り方が完成しない、あるいは苦手な刺激

よくある？ワード

自閉症なんですか？アスペルガー症候群なんですか？

自閉症スペクトラムは症状に連続性があり、明確に区別することが難しいものです。また、発達の過程で状態が変わることもありますから、医師により見立てが違ったり、経過のなかで診断が変わることもあります。診断は生きやすくするためのものですから、診断名にこだわらず、いかに実際のサポートができるかを考えましょう。

＊おもな発達障害（表1）

医学的診断名	障害の内容
精神遅滞（※1）	言葉など知的能力が目立って遅れる
自閉症スペクトラム（※2）	社会性・コミュニケーション・イマジネーションの障害
注意欠陥多動性障害（ADHD）	不注意と多動・衝動性のいずれか、または両方
学習障害（LD）	読み、書き、計算のいずれか、または複数が困難
特異的言語障害	言語の理解または表出が困難
発達性協調運動障害	運動、手先の細かな動きが極端に不器用

※1　発達障害者支援法の対象には含まれない。
※2　広汎性発達障害、アスペルガー症候群、高機能自閉症など自閉症を中核とする一連の症候群の総称。

や生理的モニタ（寒暖や空腹を感じる感覚）の鈍さなどです。こうしたアンバランスさがあっても、乳児期には気づかれないか、そのまま様子を見ることが多いのですが、特性にもとづく苦手さやアンバランスさは、自然にできるようになるというものではありません。そのまま放置すると、未完成なまま、年齢を重ねてより複雑化してから問題になるのです。

自然にわかるタイプか一つずつ教えてわかるタイプか

　乳児期から、このような「気になること」「心配なこと」があったり、なんとなく育児がうまくいかないと感じていても、親は何かに困難さがあることを認めたくない心理や「障害」に対する偏見から、診断を得ることや相談すること自体を拒む場合が少なくありません。しかし、子どもの「個性（体質）」や発達障害の特性を否定的にとらえてしまうと、いろいろな工夫や子ども自身の取り組みにつながっていかないばかりか、虐待的なしつけにつながるリスクが高まってしまいます。

　11ページで示したように、自閉症スペクトラムは、重度の自閉症から一般の人まで連続的に存在しています。発達障害と定型発達は陸続きですから、「障害」と呼び名がつくからといって全く違う存在というわけではありません。「○○障害でどういう症状がある」「障害だからこんなにできない」ということを強調しても、何も解決しません。障害とは学び方が違うということです。学び方が違うのなら、どういう学び方があるのかと考えていくことが大切です。

　実際の子育てをしていくうえで、いろいろなことを言われなくても一人でどんどんできるようになる子もいれば、一つひと

よくある？ワード

うちの子は“普通”です

　保護者が「家では普通です（特別な支援は必要ありません）」と言うことがありますが、はたして“普通”とはどういう状態をいうのか、と聞くと答えられる人は少ないものです。

　幼児期まで、家庭では刺激も少ないので行動もコントロールしやすく、幼稚園や保育所でも周囲が子どもに合わせ、それほど高い集団生活のスキルを求められるわけではありません。しかし小学校は初めての本格的な集団生活となり、集団のルールに子どもが合わせなければなりませんし、動的な刺激があふれています。そのなかで、持ち物は自分で管理し、時間割を把握して学習をしていく、友達ともうまくやっていく、と幼児期よりはるかに高度なスキルを急に求められることになります。そうした刺激のなかで何らかの気になる行動が表れても不思議ではありません。気になることがあるなら、まずは相談してみるという姿勢も大切です。

つ周りから教えてもらうことでできるようになる子もいます。そう考えると「そういえば、うちの子は一つひとつ教えるタイプだ」と思い当たるところがあるのではないでしょうか。障害とは、こうした子育ての工夫の仕方の違いを指しているのであって、障害か、そうでないかが問題なのではありません。「こういうタイプだからこう教えればいいのだ」と前向きに考え、うまくいきやすい環境を整えていくことが大切です（図４）。

＊どんなタイプの子ども？（図4）

●様子を見ていると自然に育つタイプ

＊食事や睡眠のリズムが安定して育てやすい

●お母さんを心配させるタイプ

＊よく泣いて自己表現が苦手
＊人前で親にくっついて離れない

●お母さんをヘトヘトにさせるタイプ

＊食事や睡眠のリズムが不安定
＊ひどく泣きわめきなかなかおさまらない
＊少しの間もじっとしていない

● 子どもの脳には代償性がある ●

幼児の脳には、ダメージに対して代償がはたらきやすいという特徴があります。脳の一部分にはたらきにくいところがあったとしても、網の目状の神経ネットワークが構築される途上にありますから、バイパスができやすいのです。5～6歳を過ぎると、使われる経路が残り、使わない経路が消えるという神経の剪定《せんてい》が始まり、10歳を過ぎると、新しいネットワークの構築は難しくなってきます。それでも成人よりは回復しやすいのですが、思春期を過ぎると成人と差がなくなってきます。

　ですから、たとえ生まれつき脳にうまくいきにくい特性があったとしても、バイパスをつくればうまくいくようになるということです。それも神経ネットワークが完成する幼児期まで、早期であればあるほど、介入の成果が得られやすいといえます。

　この意味でも、幼児期に周囲からのよいはたらきかけによってベースをつくり、一つひとつ丁寧に教えていけば、子どもができることをどんどん伸ばしていくことは十分に可能なのです。

●困った行動にはわけがある●

　さて、子どもの特性を理解し

＊困った行動の背景（表2）

1 ● 本人にとっては適応するための行動

2 ● パニックになっている、またはパニックを避けるための行動

3 ● 間違った学習をしてしまったため起こる行動

4 ● 自然に獲得できなかった行動

たら、次に、子ども自身がうまくいく行動を学んでいく体制をつくります。

　発達障害のある子どもを指導するとき、周囲の大人の関心は困った行動に置かれがちです。そうすると、結局は「困った行動を叱る」ことになってしまいます。しかし、子どもの視点に立ってみると、その困った行動をするのは彼らなりの理由があります。

　たとえば、調整機能の弱さのために座っている姿勢を長時間保てない。あるいは、ザワザワした音に耐えられなくなりそうだから狭いところにもぐって安心する。やり方を教えられなかったため自然にはわからない。このような困った行動の多くは、四つの背景（表2）に分けられます。特にパニック(囲み)と呼ばれる混乱状態に陥っているときは、何を言っても理解できませんから、まずは刺激を少なくして気分の安定を図るのが第一です。いずれにしても彼らなりの理由や、間違った学習によってとられている行動が、周囲にしてみれば困った行動になっているのであって、その困った行動をやみくもに叱っても、どういう行動をとればよいのかを教えてあげなければ行動は改善しません。

　友達と意見が違ってカッとなって友達をたたく前に、テンションが上がったことに気がついて深呼吸すればよい。困ったらお母さんを呼べばいい。そうしたやり方を知らなかっただけだから、それを覚えてうまくやっていこうね、という指導のほうが、やみくもに「ちゃんとやりなさい！」と叱るよりも成功しやすいことは明らかです。

　問題行動を取り除くというネガティブな発想ではなく、うまくいくことをどんどん増やしていく、できることを伸ばしていくというポジティブな取り組みが大切です。そのためには、子ども自身が「やらされている」のではなく、何かに取り組むことが「おもしろい、楽しい」と思えることです。周囲の大人に何かをすすめられても「どうせ僕はだめだから」というふうにしか思えないのでは、取り組むことができません。「やってみようかな」と思わせるような、いい関係をつくっていくことが、かかわり方の大前提として重要なことです。

パニックとは

　情動（気分、感情、欲望など）が不安定になることによって引き起こされる混乱状態。外部からの情報を取り込むことができない状態で、通常の判断も期待できない。状況がわからないとき、長時間緊張状態が続いて疲労したとき、生理的な不快状態などでパニックを起こしやすいので、注意が必要。

過敏性・多動性のある Aくん

音や光などいろいろな刺激を苦痛に感じてしまいます。
味覚が過敏なため、ひどい偏食もあります。

あっ Aくんまた外へ!?

1
Aくんは外で遊ぶのが大好きです
外行きたい
Aくん、今はお絵描きよ
2
お遊戯の時間
カチッ
3
キーン
問題点
聴覚など感覚に過敏性があると
いろいろな音が苦痛に感じます。
4
ワーッ
りすぐみ
問題点
外へ飛び出すのはわがままではなく、
刺激を避ける行動かもしれません。
5
食事の時間
ふう
野菜嫌い
6
食べるまで外へ行っちゃだめ！
栄養がとれないと心配だし

過敏性には周りの大人も気づいていないことが多いです。
体質的なものなので、わがままややる気の問題ではありません。
過敏性を悪くしないように配慮しながら、一つひとつ対処していきましょう。

7
カジッ
ポイッ
問題点
パニックになると周りのことは
全くわからなくなります。
8
とにかく先生のお部屋へ行きましょう
クールダウンできる場所をつくっておくとよい
9
お迎えの時間
今日にんじんを食べさせようとしたら…
10
そうなんです。うちではすりおろして入れているんです
幼稚園・保育所と家庭の協力体制を
11
次の日
細かく刻んでみたよ。食べられるかな？
調理や食事のしかたを一つひとつ工夫
12
これからこの音が鳴るよ
過敏性に配慮して過ごしやすく
ボリュームは小さくね

睡眠リズムがアンバランスな Bくん

できるときとできないときの差が大きく、
テンションも上がりやすいです。

1 Bくんは砂遊びが大好きですが

キャー

2 興奮しすぎてなかなかおさまりません

大騒ぎ
キャー
ドンッ
痛っ！
ピョン ピョン
もう遊びの時間終わったよ

3 かと思えば

さっきあんなに跳んでたのに
ぴょんって飛び降りてごらん
？
できないよ

問題点

できることと苦手なことの凸凹があります。

4 家でも遊びをなかなか切り上げることができません

もうおしまい。ごはんつくらなきゃいけないの
やだ。もう一回

問題点

発達障害の子どもは切り替えが難しいことが多いです。

5

もう！今忙しいの
ねえねえ

6 食事の時間

やっとできたのに、食べてよ…
眠い…
ZZZ…
グスグス

問題点

眠いときやおなかが空いたときに何かをやらせようとしても難しいです。

過敏性と同様、生まれ持った体質として生体リズム（睡眠など）や
生理的モニタ（寒暖の感覚など）がアンバランスな場合があります。
意外に見逃されていることが多いのですが、
体の調子に合わせて生活リズムを組み立てたほうが過ごしやすくなります。

7

もう　どうして
子育て
うまくいかないの

育児相談に行ってみました

キョロキョロ

8

まずは
相談してみる
ことが大切

9

もともと生体リズムが
乱れやすい子って
いるんです
そのリズムに
合わせてみてください。
観察記録をつけて
みてもいいですね

食事の時間

10

しりとり
しようか
あそぼー
いつもより
早めに
ごはんよ

11

スプーンは
こうやって
使うのよ
うん

何かに
取り組むのは
調子のよいときに

寝る時間と起きる時間を決めたら
少し安定してきました

12

ZZZ…

体質的な難しさは
あるものの、
習慣によってある程度
リズムをつくる
ことができる

なんでもゆっくりしていて、不器用なCちゃん

ぼーっとしていてあまり反応がないために、
やる気がないと思われてしまいます。

1 Cちゃんはなんでも
ゆっくりペースです

ほら、早くしないと幼稚園に遅れちゃう
モタモタ

2 幼稚園では一人で遊ぶことが多く

ジーッ
チョロ
チョロ

問題点

まずは集団にいられることが課題です。

3

みんなと遊ぼう

4 ルールを守れないことがあります

Cちゃん、終わりだよ！

問題点

教えられないとルールがわかりません。

5 お絵描きの時間

先生、Cちゃん描いてないよ

問題点

不器用で道具がうまく使えない、やり方が
わからないなどで製作をしないことがあります。

6

どうしたの？
シクシク

問題点

困っても助けを呼べず、かたまっています。

ぼーっとしている子はおとなしく、困っても助けを呼べないことが多いです。
特にトラブルは起こさないため放っておかれがちですが、
そのままでは適切な行動が身につきません。生活の場を通して、自尊心を高めながら、
一つひとつ丁寧に教えていくことが大切です。

7 お迎えの時間

遊びたくないみたいです。絵も描かなくて

8

うちの子大丈夫かしら…
あんまりしゃべらないし言葉の遅れ？
オロオロ

9

大丈夫ですよ。私たちも工夫してみます
困ったら先生を呼ぶ
たすけて
じゅんばんにのります
絵で説明する
わかるように教えることが大切

10

絵が描けないのはクレヨンをうまく使えないのもあったみたいです
おうちでも指を使うようにしてみてください

11

お母さんと一緒に洗濯物をたたむお手伝いを始めました

ありがとう
そろえて…
指先を使う
大人と一緒に取り組んでほめられる体験を

12

お片づけも一緒にしておけば準備も早くできます

日常生活のなかでできる工夫がある
シャツ
パンツ
くつした
スカート
ハンカチ
タオル

変化に対応できない Dちゃん

家では全く問題なく過ごせるけれど、
変化があったとき混乱してしまいます。

1 Dちゃんは初めてのところや行事が苦手です

やだー

問題点
新しいことは不安なため、
やりたがりません。

2 急な予定変更に怒ってしまうことも

雨だから しょうがない でしょ
外で遊ぶって 言ったじゃん！

問題点
こだわりなどもあって、急な変更が
受け入れられないことがあります。

3 お迎えの時間

慣れない ことはやって くれないんです
一度相談 してみては…

4

家では全然問題ないんだから先生のやり方が悪いのよ
プリプリ

問題点
気になる点を指摘されて
誰かのせいにしても役には立ちません。

5

でもそう言われればこだわるところもあるし、初めての場所は行きたがらないよね

6

確かに…
そういえば運動会のときも
やだっやだ！

変化があったときだけ混乱するタイプの子は、特に家庭では問題がないため、
サポートの必要性を感じないことが多いです。
しかし、小学校に入って大きく環境が変わったときに
適応できなくなることもあるので注意が必要です。

7 数日後

あら
遠足だって
遠足やだ

8

よし！
じゃあ先に
練習しておこう

9 日曜日に家族で動物園に行きました

らいおん

大人と一緒に
楽しみながら
慣らしていく

10

慣れれば
平気なのよね
楽しかった！

遠足当日

11

あら今日は
大丈夫みたい
オー
オー
安心

12 予定もわかりやすく
示すようにしました

えほん
おひるごはん
そとあそび
おえかき

丁寧にかかわる
工夫が大切

＊＊＊ どの子も身につけたいこと ＊＊＊

まず取り組みたいこと

身辺自立 ▶ p.56〜65
困ったとき助けを求める ▶ p.68
リラックスのしかた ▶ p.72
体を動かす ▶ p.74
こだわりの調整 ▶ p.80
感覚過敏への対応 ▶ p.82

より進んだ取り組み

手・指を使う ▶ p.76
姿勢を保つ ▶ p.78
数と量 ▶ p.92
描く・つくる ▶ p.94

並行して取り組みたいこと

愛着と親子の関係づくり ▶ p.66
集団にいられること ▶ p.70
遊び方を知る ▶ p.88
音への気づき（言葉の獲得） ▶ p.90

このタイプは特にこんなことが重要！

過敏・多動性タイプ

片づけ ▶ p.64
集団にいられること ▶ p.70
リラックスのしかた ▶ p.72
姿勢を保つ ▶ p.78
感覚過敏への対応 ▶ p.82
パニック・興奮への対応 ▶ p.84
不注意への対応 ▶ p.86

体のリズムがアンバランスなタイプ

生活リズム ▶ p.56
リラックスのしかた ▶ p.72
パニック・興奮への対応 ▶ p.84

ゆっくり・不器用タイプ

片づけ ▶ p.64
困ったとき助けを求める ▶ p.68
集団にいられること ▶ p.70
体を動かす ▶ p.74
手・指を使う ▶ p.76
音への気づき ▶ p.90
描く・つくる ▶ p.94

変化に対応できないタイプ

困ったとき助けを求める ▶ p.68
リラックスのしかた ▶ p.72
こだわりの調整 ▶ p.80
パニック・興奮への対応 ▶ p.84

※実際には明確にタイプ分けできるものではなく、一人がいろいろな特性を併せ持っています。

第2章

社会で楽しく生きるために 今、何をすべきか

家族を中心に
かかわり方の基本を述べていきます。
子どもが社会で楽しく生きるために、
今、すべきことを考えてみましょう。

好ましくない養育のリスク

できないときだけ叱る育て方は合わない子どもがいる

日本的な子育てのスタイルは、「年齢相応にできていることは当たり前で取り立ててほめることはないが、できないときだけ叱る」というものです。その場面で要求されていることを自然に読み取れる場合はそれでいいのですが、背景を読み取ることが難しい発達障害の子どもは「ではどうすればよかったのか」がわかりません。やみくもに叱るだけでは、ダメだと言われた以上の体験にはなりません。

日本的な子育てのしかたがいい、悪いという問題ではなく、もともと社会性に困難のある子どもにはマッチしないということです。それに気づかずに一生懸命に子育てをしようとすればするほど、うまくいかずに「どうしてできないの！」「お前はダメだ」と叱ることになり、子どもは傷つき、「自分はダメなんだ」という刷り込みだけが増えていきます。人によっては、過去に意味もわからず叱責され

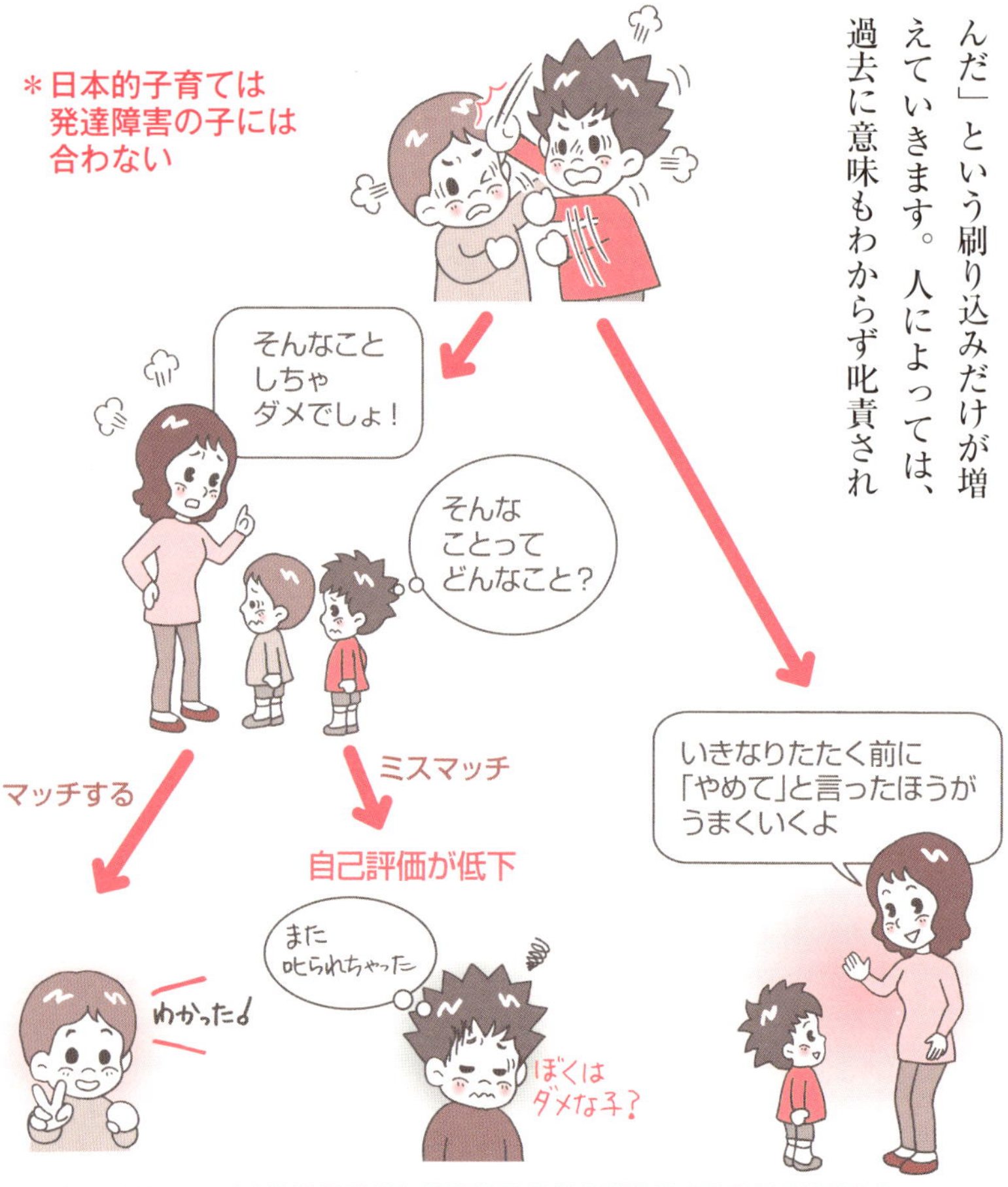
＊日本的子育ては発達障害の子には合わない
そんなこと しちゃ ダメでしょ！
そんな ことって どんなこと？
いきなりたたく前に「やめて」と言ったほうがうまくいくよ
マッチする
ミスマッチ
自己評価が低下
わかった♪
また 叱られちゃった
ぼくは ダメな子？

文脈が読める子どもは叱られて学んでいきますが、意図を読み取りにくい発達障害の子どもはなぜ叱られたのかわからず、傷つくだけです。叱るより、うまくいくやり方を教えましょう。

た体験が、後にフラッシュバックを起こして適応状況を難しくする場合もあります。「○○してはダメ」と言われて気をつけることはできても、「こうするとうまくいく」方法を知らなければ、自尊心を持ってよい方向にすすんでいくことはできません。第1章でもくり返し述べてきたように、その子に合う教え方をしなければ、傷つく体験だけが増えていってしまいます。

現代はコミュニケーション重視社会

また、日本的な文化のなかでは、場の雰囲気や空気を読めること、感じ取れることがよしとされてきました。そうした暗黙のルールは、社会性を発揮する場面で苦手が多い発達障害の人にとっては、とても対応しにくい文化です。

特に第一次産業が主要な産業を占めていた時代に比べて、現代ではサービス業など第三次産業が主流となり、他者とのコミュニケーション能力がより重要視されるようになってきました。そのため、就労しても職場でうまくコミュニケーションがとれずに失敗したりして、自他ともに「ダメなやつ」というレッテルを貼られることが多いのですが、「障害は文化や社会の価値観のなかで規定される面がある」ということは覚えておきたいものです。つまり、ある文化のなかでは問題とされないことが、別の文化のなかでは問題とされやすくなるのです。その意味で現代のコミュニケーション重視社会は、ある特性を持つ人にとって「生きにくい」社会なのかもしれません。

しかし、コミュニケーションが苦手でも、一つの仕事を真面目にコツコツと続けたり、細かい職人的な作業を人一倍きれいにこなせるなど、特性を生かせる分野がないわけではありませ

よくある？ワード

こんなのできて当たり前

大人になって自分が自然にできることは、誰でも自然にできると思いがちです。しかし、子どもは発達の過程のなかで、だんだんに歩けるようになり、スプーンで食べられるようになり、言葉を覚え、トイレにも行けるようになります。こちらが当たり前と思うことは、決して当たり前ではなく、なんでも一つひとつ学んで身につけていくのだということを忘れてはいけません。発達がゆっくりな子どもたちには、少しゆっくりと丁寧な助言を加えていけばよいのです。

＊高機能広汎性発達障害に認められる精神医学的問題（表3）

	N	%
気分障害（うつ病・躁うつ病）	94	17.1
不登校	68	12.4
解離性障害（※1）	47	8.5
強迫性障害（※2）	30	5.5
統合失調症様病態（※3）	15	2.7
行為障害（非行）・犯罪	37	6.7

「そだちの科学」第13号（日本評論社）

※1　解離性障害
耐えられない苦痛に直面したときに、自己防衛として、その体験に関する意識の統合が失われ、知覚や記憶が意識から切り離されてしまう障害。

※2　強迫性障害
極度のこだわりによって、執拗に何度も確認したり、同じ行為をくり返したりして日常生活に大きな困難が生じる障害。

※3　統合失調症様病態
広汎性発達障害にしばしば幻覚・妄想が見られることがある。

ん。そうした得意なことを見つけ、伸ばしていくことが、幸せな日常生活を送るためにとても大切です。そのためにも、子どもの頃から「できることを伸ばしていく」長期的な視点が必要なのです。

発達障害に併存することの多い二次障害

発達障害の特性に気づかれずに、怒られて傷つく体験や失敗体験を積み重ねて思春期から成人期に至った場合、多くは情緒のこじれからうつなどの二次的な精神疾患を併発したり、不登校、ひきこもりなどの難しい問題を抱えたりしています。

高機能広汎性発達障害550名に見られた精神医学的問題の調査の結果、約17%にうつ病が見られたというデータがあります(表3)。年齢が上がるにつれてうつ病は増える傾向があり、成人では約半数を超えます。

これらの二次障害を合併することによって適応が難しくなっている場合、まずは薬物療法などによって精神症状を軽くしていくことが第一です。発達障害が基盤にある場合、感覚過敏(薬剤過敏)の影響などから、薬はごく少量の処方が有効かつ安全であるといわれています。

また、二次障害を併発するということは、失敗や傷つきを積み重ねて、小さなトラウマだらけになっていることが多いですから、専門家によるＥＭＤＲ(※)などの心理療法によって、トラウマを処理することも重要です。しかし、トラウマは心に深く刻まれ、治療を行なってもそう簡単に回復できるわけではありません。ですから、子どもの頃から傷つく体験をできるだけ少なくして、新たなトラウマを生まないようにしていくことが、より大切なことといえます。

※ＥＭＤＲ（Eye Movement Desensitization and Reprocessing）
眼球運動による脱感作および再処理法

虐待と発達障害は関連している

先に、できないときに叱る日本的な子育ては発達障害のある子どもにはミスマッチであり、一生懸命子育てしようとすればするほど、虐待的な子育てにつながりやすいことを述べました。もともと発達障害があることにより、その育てにくさから虐待を引き起こしてしまうことがある一方で、ひどい虐待が第二の発達障害といえるような状況をつくることもあります。近年の脳科学研究の進歩により、激しい暴力や暴言、育児放棄（ネグレクト）、性的虐待などのひどい体験をくり返し受けると、その強いストレスが慢性的刺激となって脳の発達が損なわれる可能性があることがわかってきたのです。虐待を受けている子どもの半数以上に発達障害が見られるというデータもあります（表4）。

どこからが虐待なのかというのは難しい問題ですが、「虐待でなく、しつけだから大丈夫」ということではありません。もともとの弱さを持っている子どもに対して大人側の論理で激しい叱責を重ねることは、多かれ少なかれ彼らを傷つける要素をはらんでいるということを忘れてはいけません。

詳しい分析については今後の研究が待たれますが、生まれ持った脳の基盤そのものだけでな

＊子ども虐待に認められた併存症（表４）

（N＝817）

併存症	%
発達障害	53.1
広汎性発達障害	25.7
注意欠陥多動性障害	18.2
その他の発達障害	9.2
反応性愛着障害	47.2
解離性障害	53.1
PTSD	32.9
反抗挑戦性障害	16.3
行為障害（非行）	29.6

杉山登志郎『そだちの臨床』（日本評論社）

く、虐待のような後天的な迫害体験が障害をつくっていく側面があるということも知っておいてください。現在とこれからのかかわり方によって、その子どもの未来は変わってくるのだと肝に銘じておく必要があるでしょう。

放置はもっとも避けたい対応

その意味でも、「様子を見ていればそのうちできるようになる」という根拠のない思い込みのままに放置することは、もっとも避けたい対応といえます。「自然にはわからない」「うまくいきにくい特性」を持っているのに放置すれば、いっこうにできるようにならないばかりか、間違った学習を積み重ねて、自分なりのゆがんだルールをつくっていってしまいます（図４）。

そうして学童期・思春期を過ごすうちに、自分だけなぜかつまずいてしまう、なぜか迷惑がられて友達ができないといったことに気がついてきます。そんな自分が好きになれずに、「どうせ何をやってもだめなんだ」とか、あるいは逆に「周囲が、社会が悪いんだ」というゆがんだ現実のとらえ方をしていきます。思春期には定型発達の子ど

＊間違った学習の例（図４）

これから説明します
チョキチョキ
説明を聞かないでやる
イヤ！
わからないのは拒否すればいい
反省なさい！
大人は怒ってばかりいる

暴力で解決

困ったわ…
幼稚園に行きたくない！
いやがれば休める

もでも迷い、混乱するのですから、間違った学習を重ねた発達障害の子どもたちが情緒をこじらせて被害的になっていくとしても、何ら不思議なことではありません。だからこそ、できるだけ早いうちから、家族も本人も適切な理解を共有して、前向きな取り組みを重ねていくことが重要なのです。

まずは安定した親子関係をつくる

特に幼児期のうちは、情動コントロールやコミュニケーションの基盤となる愛着を築くことが大切です。子どもは大人と一緒に物事を体験し、まねすることを通していろいろなことを学んでいきますから、まずは日々楽しい思いを共有できる安定した親子関係をつくることをめざしましょう。

また、幼児期までは集団生活で社会的な対処を求められるようなことも少ないですし、家族のなかでは、子どもがなんとなく手がかかるタイプだということを感じていても、その家庭なりのルールや関係性のなかでフォローしながらやっていけるものです。しかし、一見問題なく過ごしているように見えても、独自のルールで「周囲は自分に従ってくれるもの」と思っていたり、必ずしもその理解が現実的でない場合もあります。長年の蓄積で、そうした誤解にもとづく関係性が強固になってからでは、関係の持ち方を変えることはなかなか難しいようです。小さいうちから、困った行動は修正し、いいところは伸ばしていくというかかわりを丁寧に続けていきましょう。

よくある？ワード

様子を見ていればそのうちできる

定型発達の子どもは言われなくてもその場の要求を読み取り、自然に学んでいくことができます。発達障害の子どもは、自然にはわかりにくい認知の特性を持っていますから、わかるように教えなければできるようにはなりません。気になることがあれば、放置せず、まず相談することから始めましょう。

よくある？ワード

これができるんだからあれもできるはず

発達障害のある子どもは、得意なことと苦手なことの凸凹が大きい子どもです。知能が高く、教科学習で優秀な場合も多いので「やればできる」と思われがちですが、「これができたから、あれもできる」とはいきません。やる気がないと決めつける前に、「自分にだって苦手なことがある」と立ち止まって考えてみてください。

大人から今を見ることの重要性

＊発達は一定方向の積み重ね

発達の進み方のペースは、生まれ持った素因や、育つ過程でのさまざまな影響によって個人差がありますが、発達は子どもごとの一定の順序に従って、段階を追って積み重なっていきます。

問題がないレベルと自立できるレベルは違う

前項で触れたように、思春期から成人期以降になって、ひきこもりや難しい状態の精神疾患を発症している人たちのなかに、かなりの割合で発達障害またはそのスペクトラムが関係していることがわかってきています。発達の問題はじつは乳幼児期から現れているのですが、その時期は「まだ小さいから、様子を見ていれば大丈夫」といった根拠のない助言がくり返され、学校に入って集団生活の苦手さが見られても「やる気がない」「家庭のしつけが悪い」ということで必要な支援が受けられないまま、ひそかに自己評価を下げていくことも多いです。それでも、不登校などの大きな問題にならなければ「そういう生徒もいる」「できない子は彼ばかりではない」という扱いになっていきます。卒業すれば、教師はその後の様子を知ることもあまりないわけですが、その後に問題がこじれていくケースも少なくありません。

人生は積み重ね

子育ては長期にわたるもので、その長い道のりを支援し続けることが重要です。一義的な医療や療育を受ければ解決するという問題ではなく、支援は日常的に多様にあったほうがいいですし、ライフステージのその時々で必要なサポートも変わってきます。支援者たちは長期にかかわることが求められ、たとえ短期的なかかわりだとしても、自分の知る範囲以外ではどんなことがあるのか、あるいは自分のもとを去った後にどんな現実が待っているのかを理解して、できることを一つずつ積み上げていく視点が必要です。

「今」はそれまで生きてきた人生の結果です。成人期は思春期までの結果であり、思春期は学童期までの積み重ねであり、学童期は幼児期までの積み重ねです。様子を見ていればそのうちよくなるといって放置しても、大人になったときに急に適切に振る舞えるようになるわけではありません。また、今はさして問題がないように見えるからといって、問題がないレベルと自立できるレベルは違います。そのとき問題がなければよいのではなく、将来、社会に適応して豊かな生活を送っていけるために今からそのスキルをどんどん増やしていくことが大切なのです。

よくある？ワード

自由にしていればいいよ

「小さい子どもは自由奔放なもの」と、集団に参加しない子どもや、言うことを聞かない子どもを放っておくことはないでしょうか。しかし、それは「手がかかるから、放っておいたほうが楽」という養育側にとっての都合である場合も。幼児期に「勝手にしていてもいいんだ」「いやなことは拒否すればいいんだ」という刷り込みができてしまうと、小学校に入学してから集団生活に支障をきたすことになります。幼児期にかかわる支援者は、小学校につないでいくのだということを意識して、大切なことは身につけていけるようにサポートしましょう。

時計の長い針が「3」になったらお片づけね
うん!

子育てに工夫が必要

生まれつきの脳の基盤そのものは治るものではありません。しかし、その違いゆえに現れる困った行動は修正することができますし、「こういうときにはどういう行動をとったらいいのか」がわかることで、日常生活の困難を減らすことは可能です。そのために子育てに工夫が必要だということが、障害ということの中身です。障害の特性を理解し、困難さに共感することは大事なことですが、だからといって「障害だからできなくてもいい」ということではありません。幼稚園で許されていたことが小学校で許されるわけではなく、将来的にも、ライフステージに相応のふさわしい行動が求められます。その場面でふさわしい行動やうまくいくやり方を教えて、子ども自身がそれを実践していけるようにならな

よくある？ワード

障害だからできなくてもしかたない

特異的な行動を知識として知ると、こちらは「わかった」ような気になるものです。しかし、そのまま放置して適する行動を教えなければ、次のステップで困ることになってしまいます。その場面では許されても、社会に出たときにすべての場面で同様に許されるかというとそうではありません。「通常のやり方ではできにくいけれども、別のやり方を工夫すればできる」子どもたちですから、「どうすれば（社会に通用するように）できるようになるか」を考えていきましょう。

＊行動は変えられる

「性格」は容易には変わらないものですが、じつは性格はいろいろな「行動」の集合体です。そして、一つひとつの行動は変えることができます。

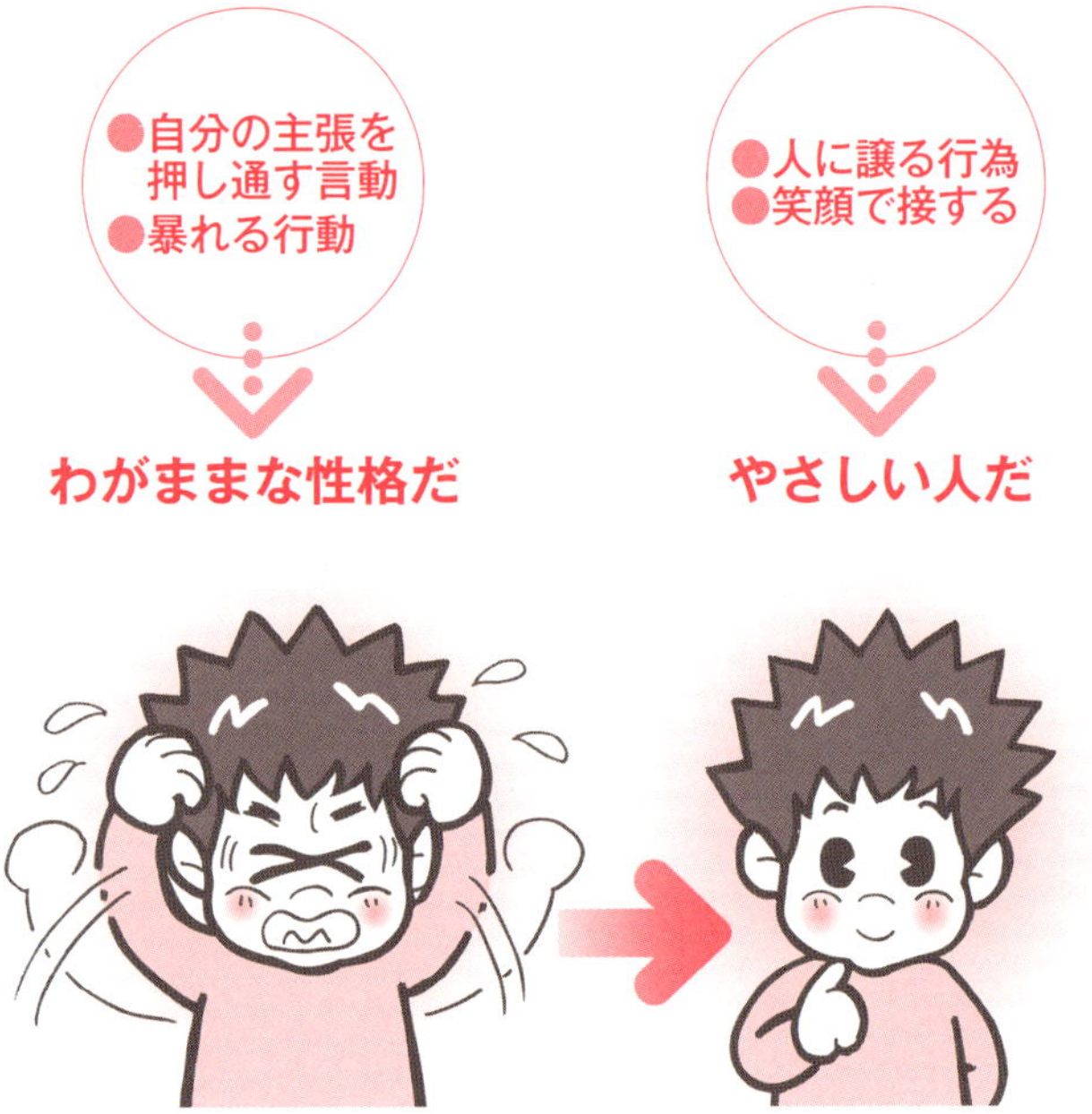
●自分の主張を押し通す言動
●暴れる行動
わがままな性格だ
●人に譲る行為
●笑顔で接する
やさしい人だ

ければ、その子がより幸せな日常生活を送れるようになるわけではないのです。

●子ども自身が取り組めるようになるために●

学童期に取り組みが難しい子どもたちを見ると、何かができても「こんなのできて当たり前」とみなされ、逆にできなければ「どうしてできないの！」と叱責されることばかりで、ほめられる体験が驚くほど少ないのです。困った状況になっても自分なりの対処法で突破しようとしてきたため、自分の行動に対して他者から介入されることをいやがります。問題を指摘されるだけでパニックになって「僕は間違っていない！」と訴えたり、「こうしよう」と提案をされただけなのに自分が全否定されていると感じてしまうようです。

その場にふさわしい行動は「子ども自身が取り組んで進んで身につける」ことが大切です。そのためには、取り組むことが「楽しい」と思える体験、何かができると大人からほめられていい気分になるといった体験をたくさんすることで、自己肯定感を育むことが必要です。子どもが楽しく取り組めるように、うまくいく環境を整えたり、ほめたり励ましたりしながら、過不足のないちょうどよい加減のサポートをしていく、というのが周囲の役割になります。

＊幼児期のかかわり方の基本

- 大人と一緒にやる→自分でやる→大人が媒介してほかの子とやる→大人が見守ってほかの子とやる
- 教え方に工夫が必要（通常のやり方ではわかりにくい）
- 限定した場面から始める
- スモールステップで
- ほめて自尊心を育む
- 必ず成功体験にする

家族のメンタルヘルスも大切

母親にうつのリスクが高い

　さて、子どもが実際に取り組みを重ねて安定していくためには、家族全体の状況を改善することが不可欠です。

　発達障害の子どもを育てる親の多くは、障害の受容、適切な支援の確保などのほか、子どもの日常生活上のさまざまな困難さから生じる問題が次々と起こり、大きなストレスを抱えています。また、「自分の育て方が悪いのではないか」「この子のために家族を犠牲にしていないだろうか」といった罪悪感や、他人や幼稚園・保育所の関係者、あるいは身内にさえわかってもらえないという孤立感を抱いています。「親が亡き後、誰が面倒を見るのか」といった将来に対する不安感も大きいものです。こうした心理的背景もあって、親自身がメンタルヘルスに問題を生じやすく、特に、自閉症スペクトラムの子を持つ母親の抑うつリスクが高いことがデータでも示されています（図5）。また、発達障害の子どもを持つ母親は一般の女性の10倍程度、抑うつリスクが高いということもわかっています。

家族に発達障害の特性や傾向が見られる場合も

　また、家族にも発達障害の特性や似たような傾向が見られることが少なくないのですが、自閉症スペクトラムは複数の遺伝要因が関与する多因子疾患であることを考えれば不思議ではありません。家族内に発達障害の特性を持つ人が複数いる場合、

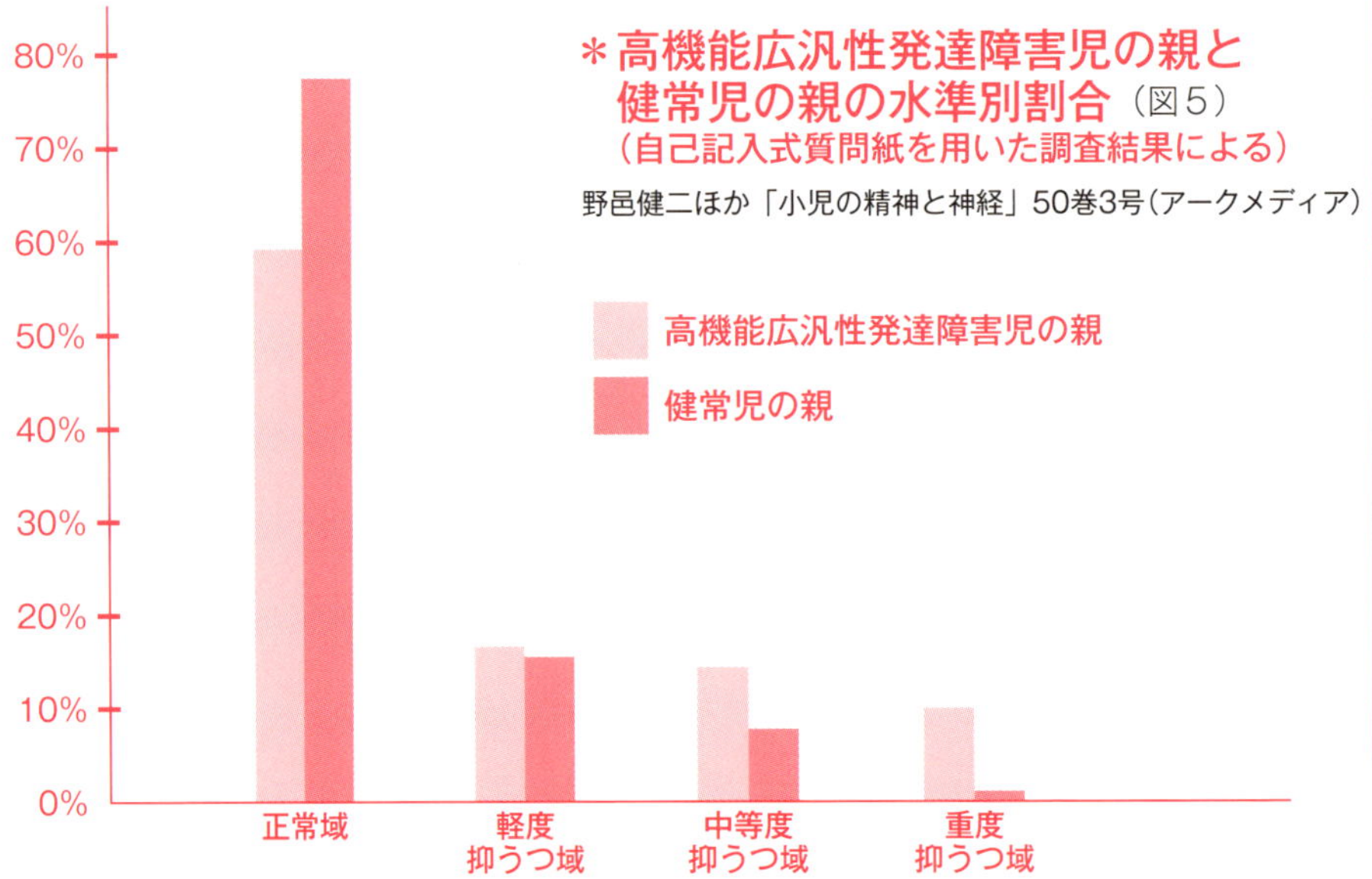

80%
70%
60%
50%
40%
30%
20%
10%
0%
高機能広汎性発達障害児の親
健常児の親
正常域
軽度抑うつ域
中等度抑うつ域
重度抑うつ域

＊高機能広汎性発達障害児の親と健常児の親の水準別割合（図5）
（自己記入式質問紙を用いた調査結果による）
野邑健二ほか「小児の精神と神経」50巻3号（アークメディア）

相互の関係やそれぞれの課題などが複雑に絡み合って、問題をより深刻にする傾向があります。育児の難しさから虐待に発展するような深刻なケースでは、父親よりも母親の発達障害問題が強く関係していることが多いという指摘もあります。

　現在のメンタルの問題が、親自身のもともとの特性から派生しているのか、発達障害の子どもを育てるストレスからくるのかは分けて考える必要がありますが、いずれにしても、子どもに注目が集まる一方で、見落とされがちな家族の精神状態にも配慮することが大切です。子どもの行動の問題以上に、親自身のメンタルな問題でうまくいかなくなっている場合も多くあります。

親がよい状態でなければ子どもとのよい関係はつくれない

　うつ状態になると、いろいろなことに取り組む意欲が低下するだけでなく、物事のとらえ方もネガティブになりやすくなります。子ども自身がうまくやりたいことを伝えても、親が「お前みたいなダメな子が」などと現実とは違った否定的な言葉を浴びせたり、感情が抑えきれずに子どもを罵倒したりすることも少なくありません。

　親自身が健康でなければ子どもとの関係をこじらせてしまいますから、特に睡眠の問題が大きくなってきたときには、まずは医療機関を受診するなどして精神症状を改善しましょう。親も自分のことや家族の現状を客観的に理解できるようになってこそ、子どもも安定していくものです。

　子どもの発達のペースは一人ひとり違います。子育ては長く続くものですから、疲れたときには無理をしてがんばりすぎないことが大切ですし、決して一人ですべてを背負うものでもありません。親も子も、家族全員が楽しく過ごせるための子育てであることを覚えておきましょう。

＊精神的な不調は睡眠に表れる

誰しも大きなストレスを感じたときに「眠れない」ということがあるように、精神的な不調はまず睡眠に表れることが多いものです。1カ月不眠が続いたらうつのサインといわれていますから、医療機関を受診しましょう。

ペアレント・トレーニングによる気づき

ペアレント・トレーニングとは

　言うまでもなく、発達障害の子どもができることを伸ばしていくためには、親の役割は大きいものです。しかし、多くの親は子育てのストレスやさまざまな問題へ対応することに疲れ、自信を失っている状態です。まずは、親自身が冷静に現状を見つめ直し、これからの子育てに希望が持てるようになることが大切です。そのためのサポートプログラムが、ペアレント・トレーニングです。

　子どもがスキルトレーニングを行なうためにも、「今どこまでできているのか」「次に身につけたいことは何か」といったことを整理して考えていく必要があります。実際にはワークショップなどに参加して、ほかの人の意見も聞きながら学ぶのが望ましいですが、ここではまず頭の整理のしかたを見ておきましょう。

「行動」で見ていく習慣をつける

　子どもへのかかわり方を直していこうと思うとき、性格など曖昧なものに焦点を当ててもうまくいきません。「行動」で見ていけば、わかりやすいですし、行動は変えることができますから、まずは行動をできるだけ具体的に把握する練習をします。

＊行動とは「～する」こと

　行動はできるだけ具体的にあげます。「～しない」は行動ではなく「～しないでそのときどうしている」というのが行動になります。

× がんこ
○ がんこに自分の意見を主張する

× おもちゃをきちんと片づける
○ おもちゃをおもちゃ箱に入れる

× わがまま
× わがままに好きなものしか食べない
○ 自分の好きなものばかり食べる

＊行動の意味を考えるポイントは3分割

　きっかけ（前）と結果（後）に注目すると、よりよい対応を考える手がかりになります。

Aくんは先に好きなものを食べ、最後に嫌いなものだけになったときに床に落としました。
プリン

前に注目すると	前（きっかけ）	行動	後（結果）	後に注目すると
●起こることを予測しやすくなる ●事前の準備ができる	嫌いなものだけが残る	床に落とす	嫌いなものを食べなくてもよくなる	●本当はどんなことを望んでいるのかわかる ●どうしてその行動をするのかがわかる

「できていること」に気づく

次のステップは、実際に子どもが「できていること」を確認することです。多くの場合、「できていない」ことのほうが注目されやすく、できていることは当たり前とみなされ、じつはどの程度できているかをわかっていないものです。意識的に「できていること」を確認していく作業が大切になります。

朝起きてから夜寝るまで、身支度、朝食、あいさつなど一つひとつの行動をあげていくと、意外に子どもができていることが多いのがわかります。こうしてあげた行動のリストを、「生活習慣（身辺自立）」「コミュニケーション」などのカテゴリーに分類していくと、どこまではできていて、どのように取り組もうとしているのか、次の課題は何か、といったことが明らかになってきます。

「努力しているところ」に工夫を見つける

「できていること」を確認する作業のなかで、「できていないところ」「困ったこと」なども見えてきます。人は誰でも困ったことやうまくいかないことがあるものですが、それで100％すべてが台なしというわけではありません。多くは台なしにならないように工夫していくものです。

「できていること」はギリギリセーフでよい

できている行動は、他人より優れていることではありません。たとえば、どんなに片づけや整理整頓が苦手でも、ゴミ屋敷にならない程度には掃除をするといったように、ギリギリセーフでなんとかできていることであれば、それは十分に適応的な行動です。
〝普通〟と比べてどうかではなく、少しでも「取り組もうとしている努力」があれば、それを確認し、認めていきましょう。

＊「努力しているところ」に工夫を見つける

困ったことやうまくいかないことがあっても、それで100%すべてが台なしというわけではありません。多くは台なしにならないように工夫していくものです。

	困ったところ	努力しているところ	よいところ
母	体型が変わって服が着られない	歩くようになった	毎日運動を続けている
子	友達のおもちゃを取ってしまう	「貸して」と言えることもある	友達と仲よく遊ぶ

子どもの場合、大人のようにはうまくいかない場合もあります。それでも子どもなりに努力していることも多くあります。「やろうとしている」努力をほめることで、できる方法や工夫が見つかるものです。

ほめ上手・整え上手になる

ほめて、認めて取り組みやすく

現状を把握し、取り組むべき課題がわかったら、実際に日常のなかで実践していきます。食事や排泄のしかたを身につけたり、コミュニケーションのしかたを学ぶのは、子ども自身のためですから、周囲の大人は、彼らがスムーズに取り組めるようちょうどよいサポートを上手にしていくことが大切です。失敗体験の多い子どもは、何かをやろうと提案しても拒否することが多いので、まず「取り組めるようになること」をめざします。そのためには、子どもががんばっていること、いつもより努力しようとしていることを積極的に見出して、それを認めたりほめたりしていくことが重要です。

ほめるハードルを下げて失敗体験を成功体験に！

同じ場面でも、行動の後の対応によって行動の意味が違ってきます。ほめるというプラスのかかわりによって、子どもとの関係もよくなり、自信につながります。

例

お母さんが「ごはんよ」と呼んだのでＡくんは遊んでいたおもちゃをおもちゃ箱へ入れようとして投げました。それが弟に当たって弟は泣いてしまいました。

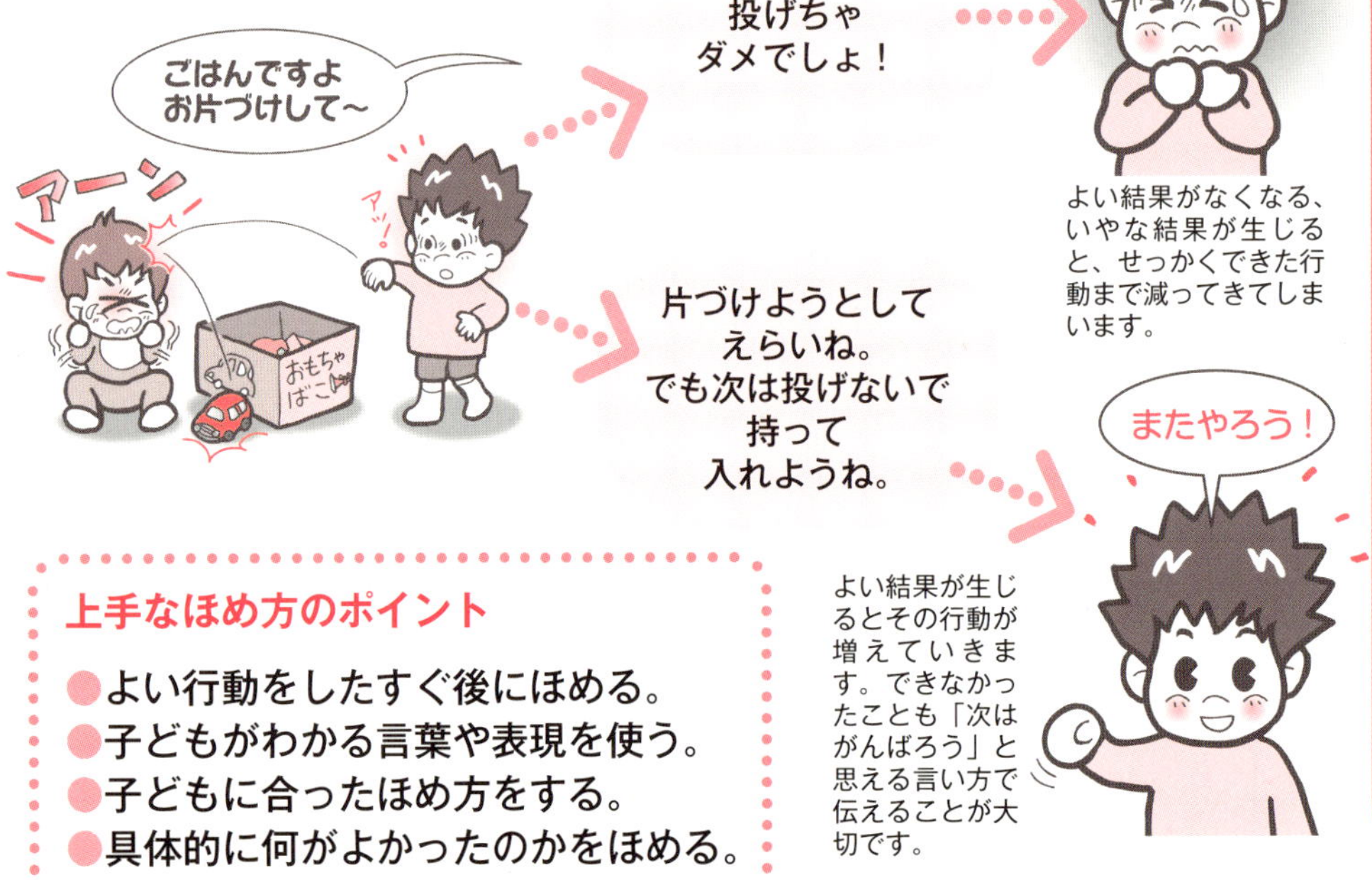
ごはんですよ お片づけして～
アーン
アッ！
おもちゃばこ
何やってるの！ 投げちゃダメでしょ！
もうしない
片づけようとしてえらいね。でも次は投げないで持って入れようね。
またやろう！

よい結果がなくなる、いやな結果が生じると、せっかくできた行動まで減ってきてしまいます。

よい結果が生じるとその行動が増えていきます。できなかったことも「次はがんばろう」と思える言い方で伝えることが大切です。

上手なほめ方のポイント

- よい行動をしたすぐ後にほめる。
- 子どもがわかる言葉や表現を使う。
- 子どもに合ったほめ方をする。
- 具体的に何がよかったのかをほめる。

子どもが取り組みやすい環境を上手に整える

子どもが落ち着ける環境を整えたり、ちょっとした手がかりを準備して学びやすくすることも大切です。声かけや指示も伝わるように上手に伝える工夫があります。

ちょうどよいサポートを

また、子どもが指示やルールを守れるように手助けしてあげるのは大切なことですが、手助けが多すぎるといつまでも指示待ちになってしまったり、やる気がなくなったりしてしまいます。逆に少なすぎると、失敗をくり返して自信を失ってしまいます。必要以上の手助けはしないけれども、少し待って、様子を見ながらサポートし、だんだんに手助けを減らして一人でできるようにしていくようにしましょう。

環境を整える工夫

- ＊事前に予定を示しておく
- ＊指示やルールは視覚的に示す
- ＊気になるもの、苦手なものを取り除く
- ＊手がかりを目立たせる
- ＊本人の好きなものを取り入れる
- ＊道具などを工夫する

約束を上手に伝える工夫

- ＊簡単ですぐに守れる約束から始める。最初はもうできていることをあえて約束する。
- ＊何度も確認する
- ＊約束を守れるよう手助けする
- ＊約束を守れたらほめる、いいことがあるようにする

＊わかりやすい声かけ

❶具体的に
使ったコップは机の上に置いてね
そんなところに置いちゃダメ
❷前もって
今日は〇〇〇に行きます
❸注意を引いて
今からお話しします
❹短く１つずつ
テレビを消したら手を洗って……〇〇して、それから
テレビを消してね
手を洗ってね
❺わかりやすく
〇〇〇してくださいね
❻絵や写真を使って
お風呂に入ってね

きょうだいのサポート

きょうだいにも共通の理解を

発達障害の子どもの兄弟姉妹は、発達障害の本人のことでからかわれたり、いじめられたりする場合があり、そのためにきょうだい間の関係がこじれることがあります。そうしたきょうだいは、次第にかかわらないように距離をとるようになることが多いようです。特に、兄や姉の場合は比較的両親に近い立場で本人との関係を保てる場合が多いのですが、弟や妹の場合は理解することがなかなか難しいようです。

大人になってからこじれた関係を修復することは容易なことではありません。距離はとりながらも、困ったときには相談にのるような関係になれるように、きょうだいを含めて家族に共通の理解を促していきましょう。

自分を犠牲にして世話をする必要はない

共通の理解ができると、積極的に周りとのつなぎ役になり、友達との衝突を防ぐことにもつながります。ただ一方で、きょうだいが世話係となって、過剰な責任感を背負い込んでしまう場合もあります。きょうだいにはきょうだいの人生があるのですから、自分を犠牲にしてまで保護者のような役割を担う必要はありません。その場合は適度に距離をとることも必要です。

親はどうしても発達障害の本人に注目してしまい、きょうだいには何かをしてもらうことを期待してしまいがちですが、きょうだいはもっと両親と触れ合いたいと感じていてもそれを表現できないこともあります。世話係の役割ではなく、きょうだい自身も楽しく豊かな日々を送りながら、発達障害の本人をサポートしていけるような関係づくりをめざしましょう。

きょうだいも一緒に成長していく

また、発達障害は複数の遺伝的要因が関与する多因子疾患であり、家族のなかに似たような特性を持っている人が複数存在するのはめずらしいことではありません。きょうだいも同様に発達障害の特性を持っていたり、診断がなされるほどではなくとも似たような傾向を持っている場合があります。

たとえば、きょうだいが同じような落ち着きのなさや、興奮しやすくテンションをコントロールするのが難しい特性を持っていると、刺激の多い集団生活でいっぱいいっぱいになって、家庭で落ち着こうと思っても、今度は家できょうだいげんかが絶えず、休まらない状態が続きます。専門家への相談の機会があれば一緒に行くなどして、きょうだいが一緒に成長できるように考えていきましょう。

家庭でお手伝いの課題を課すような場合は、きょうだいも一緒にやるようにするとよいでしょう。「できない子どもが叱られる」のではなく、「取り組んだ子どもがほめられる」という同じルールのなかで、発達障害の子どもだけでなく、きょうだいも同様に認められる経験を積み重ねていくことが、お互いのよりよい成長につながっていきます。

きょうだい支援プログラムに参加しよう

アスペ・エルデの会をはじめ、各地の支援機関が実施するサポートプログラムのなかには、きょうだいの支援をテーマにしたものもあります。そうしたプログラムに参加すると、同じ立場の人がたくさんいることや、きょうだいとしてのよいかかわり方を知ることができます。思春期に入る前に、そうした機会を持てるとよいでしょう。

相談する・支援とつながる

まずは誰かとつながろう

発達障害のある子どもが適切な行動をとれるようになるためには、家族で問題を抱え込んでいても解決しません。まずは家族が誰かとつながったり、相談したりすることが重要です。親だけが受診してもしかたがないという人もいますが、特に問題が深刻な場合、親だけでも相談したほうがよいですし、「誰かとつながっている」ということが何よりも大切なことです。

相談するときには、一般的に医療機関がクローズアップされがちですが、じつは医療機関がメインの支援機関というわけではありません。子どもの特性を見極めるために発達に関する検査をし、専門家の目を通した診断を行なうことは重要ですし、ときには、医療機関がデイケアで日常生活まで踏み込んだケアを行なうこともあります。ただし基本的には医療は診断と薬物療法が中心であり、日常の生活改善に関しては福祉が担います。各地域の保健センターや児童相談所が相談に応じていますし、臨床心理士や言語聴覚士のサポートが役立つ場合もあります。書籍やインターネットなどの情報や、サポートグループの仲間などを含めて、発達障害の子どもとその家族をサポートする社会資源は多様にあります。

各支援機関が別々にはたらくのではなく、連携してサポートの目標や体制を共有することが望ましい形です。現実にはさまざまな課題もありますが、いずれにしても相談先は一つではなく、たくさん持っているほうがいいことは確かです。

どこに行けばいいかわからない場合は、まずは都道府県や政令指定都市に設置されている「発達障害者支援センター」（巻

よくある？ワード

支援は必要ありません

誰かから支援を受ける経験が乏しく「どこにどう相談したらよいかわからない」という場合や、過去に相談をしたけれど逆にいやな体験をした場合など、もう助けはいらないというような頑《かたく》なな対応をしてしまうことがあります。しかし、適切な支援は何度も相談を重ねることでできていくものです。一度で何かが解決すると思うのではなく、まずは「どこか（誰か）とつながる」ことを考えましょう。

末資料参照）に相談し、より身近な支援が得られるところを紹介してもらうとよいでしょう。

相談したいことをメモに

サポートは、できるだけ地域の身近なところを利用するのが基本です。遠くても有名な専門家のもとへ相談に行きたいという人がいますが、その専門家に相談すれば一気にすべてが解決するわけではありません。サポートは長期的に、できることから順番に進めていくべきものですから、相談は身近なところで、何度もくり返していくことが重要です。

相談するときは、時間が限られていますから、何を相談したいのかをメモに箇条書きにしていくと有効な場合が多いようです。その日にすべての相談ができなくても、メモを渡し、次の機会にまた相談することができます。

一度で解決すると思わずできることを一つずつ

発達障害について相談する相手は、医師、臨床心理士、保健師などですが、サポートの内容は地域によっても差がありますし、相談した支援者のなかには、発達の問題に詳しい人もいれば詳しくない人もいるのが現状です。一度相談して期待どおりの支援が得られないからといって、すぐにあきらめずに何度も相談を重ねるなかで調べてもらったり、こちらからはたらきかけていくことも重要です。

まずは家族が集まる場に参加を

地域に親の会などの発達障害のサポートグループや子育てサークルなどがあれば、積極的に参加しましょう。グループワークを通してかかわり方を学んだり、同じ立場の人同士で悩みを分かち合うなど、サポートグループの意義は大きいものです。本人が参加できるグループや、家族が参加する親の会など、運営状況もグループにより異なりますが、まずは家族が集まる場に参加してつながりをつくっていきましょう。

なかには相手がいやがっている、面倒くさがっていると過剰に気にしたり、できないと言われたことに対して激高する人がいますが、相談するときには「被害的にならない」ように気をつけましょう。一度相談して何かが解決するという感覚ではなく、できることを一つずつ積み上げていく、一つずつつながりをつくっていくという姿勢が大切です。

誰かとつながろう

子どものことだけでなく、保護者自身のことで困ったときでも、相談できる人やサポートを求められるところをたくさん持っていることが大切です。

仲間

＊サポートグループ
＊親の会
＊子育てサークル
＊悩みを聞いてくれる友人
など

情報

＊書籍、雑誌
＊インターネット
＊テレビ
＊勉強会
など

支援

医療

＊医療機関（児童精神科など）

福祉

＊発達障害者支援センター
＊児童相談所
＊保健センター
など

その他

＊療育機関
＊臨床心理士
＊言語聴覚士
など

互いに連携

第3章

幼児期に身につけていきたいこと

幼児期に身につけていきたい生活習慣や
親子の関係づくりの工夫について述べていきます。
実際には一人ひとり特性や状態が異なりますので、
本のとおりにやればすべてうまくいくというわけではありません。
基本的な考え方を学んだら、
その子に合ったやり方を日常生活のなかで見つけていき、
実践を積み重ねていきましょう。

幼児期に取り組みたい親子の工夫の大前提

基本的な生活習慣を身につけたり、言葉を学んだりするのは、子ども自身が素敵な人生を楽しむことができるため。進んで身につけられるようにうまくサポートするのが周囲の大人の務めです。

第一段階は周囲の大人の理解

発達障害があろうとなかろうと、子どもたちはこの社会のなかで生きていきます。もちろん社会や文化も変わらなければならないところはあるけれど、それでも、この社会のなかで安定して暮らしていけるためのスキルを身につけることは、子ども自身が楽しい毎日を送るためにも必要なことです。

発達障害のある子どもは、苦手なことが多かったり、コミュ

ニケーション重視社会では不利になる面が確かにあるかもしれません。しかし、彼らもうまくやれるようになりたいのにどうすればいいかがわからないだけで、周囲がやり方を教えていくと問題なくできるようになっていくことも多いのです。まずは周囲の大人が「自然にぱっとはわからないけれど、一つずつ教えてもらえばできていく子どもたち」であるということに気づき、混乱しないように環境を整えることが第一段階です。

子どもの個性や発達障害の特性を「できない子」「問題のある子」と否定的にとらえてしまうと、問題が生じたときに取り上げて怒るだけで、うまくやれるようになるための工夫があるという発想にもつながらず、虐待的なしつけになってしまう危険性が高まります。自然に覚えていかないからこそ、丁寧に教えていくことで「できることを増やしていけばいい」と考えましょう。

大人と一緒に何かをするのが楽しいと知る

さて、実際に食事や排泄や衣服の着脱など基本的な生活習慣を身につけたり、言葉やコミュニケーションを学んでいくのは、子ども自身が楽しく充実した人生を送るためですから、子ども自身が意欲的に取り組めることが大切です。そのためには、大前提として、まずは「大人と一緒に何かをするのが楽しい」と知ることです。

大人自身の経験を振り返れば思い当たることですが、何事も「やらされている」のではなく「自ら進んで楽しみながら」取り組むほうが身につくものです。子どもも取り組んだことに成功して「よくできたね！」「がんばったね」と認めてもらう経験を重ねることによって、できるようになることが楽しい、よいことだと思えるようになります。

ですから、生活のなかで身辺自立の課題や遊びを一緒に行なうことを通して、一緒にできていくことをどう楽しめるかが幼児期の大きな課題となります。発達障害の子どもは特性上、大人とかかわりを持とうとしないように見えることがありますから、一人遊びをしているところへ、さりげなく合いの手を入れた

何かに取り組むのは調子のよいときに

特に感覚過敏性がある場合や不器用な場合、もともと生理的リズムの難しさがある場合などは、何をやってもうまくいきにくいときもあることを知っておきましょう。子どもが眠気や過敏性によって苦しんでいるときに「こんなにわがままではだめだ」と無理に取り組ませるのは、子どものためではなく自分を納得させるためでしかありません。

楽しい毎日をつくるための行動だということを忘れずに、まずは身体的な快適さを優先します。課題は取り組みやすいタイミングから始めましょう。

り、大人の側から関与をしていくことが必要でしょう。そして、信頼できる大人と安心して一緒に遊び、大人のまねをすることで、子どもはいろいろなことを覚えていきます。そのときには自尊心を高めていくように、行動ごとに一つひとつを「できたね」とほめていくことがポイントです。「〝普通〟と比べてこれができない」と考えるのではなく、その子が今の時点でできていることを考え、一つずつ成功体験を積み上げていきます。

〝枠組〟のなかで取り組むともっといいと知る

「大人と一緒に何かをするのが楽しい」と思えるようになったら、次の段階は「〝枠組〟のなかで取り組むともっといいと知る」ことです。「誰と、どこで、何をするのか」や「決められた一定のルール、やり方」のなかで、今は何をするべき時間なのかわかる、みんなと同じ課題ができる、といったことでより認められ、もっと楽しく毎日を過ごせるのだとわかってくるようになります。

　このような段階を経て、年齢を重ねたときにより発展したスキルトレーニングにも取り組めるようになります。まずはこの図式のなかで、いかに楽しく「できたね！」という前向きのアプローチができるかが大切だということを覚えておいてください。

「子ども自身が楽しめているか」を忘れずに

　本書で紹介するのは、「これを身につけておけば大丈夫」というものではなく「これを知っているとそのことについて取り組めるようになる」ための工夫です。実際には、日常生活のなかで一つずつ実践を積み重ねることで本当に身についていきますから、段階的に長期間取り組む姿勢が重要です。年齢が上がれば、それに応じた新しいスキルも求められるようになってきますし、場面に応じた柔軟な対応が求められます。そのため入り口として、まず取り組めるようになるための前提と、どうしたらいいかの型（パターン）を知っておくことが必要です。うまくいく方法は一つだけとは限りませんし、徐々にパターンを

幼児期のかかわり方 大人の心得

- ◎ 行動は子ども自身が人生を楽しむためのもの
- ◎ こちらが当たり前と思うことが当たり前ではない
- ◎ なんでも一緒に行ない、それを楽しむ
- ◎ うまくいくための工夫がある
- ◎「普通」はどうかではなく、その子が「できていること」の確認から
- ◎ できないことを叱るのではなく、できたことをほめる
- ◎ 成功体験を積み重ね、自尊心を高める

広げていくことで柔軟に対応できるようになっていきます。

ここで注意しておきたいのが、何かの行動を教えていくときに「子ども自身が楽しめているか」という視点を忘れないようにすることです。つい、「できるようにならなければ」「将来のために今がんばらなければ」と叱咤激励して取り組ませたり、教育的に詰め込む形になってしまいがちですが、たとえば「できたらお菓子をあげる」というだけの形式的な方法では、指示されればやるけれども、自分からはなかなか取り組まない「指示待ち」の子どもをつくってしまうという批判があります。また、「しつけ」の名のもとに厳しく行動を教え込むやり方で、何年も後になってから叱られた体験がフラッシュバックして精神状態に悪影響を及ぼすケースもあります。「大人がしてほしい」行動を無理やりさせるのではなく「子どもが楽しい毎日を送れるため」の行動であることを忘れないでください。

苦手があることも、サポートを得ることも当たり前

人は誰しも人に支えられて生きているものです。定型発達の大人だって、苦手なことがあれば誰かに助けてもらうし、社会でよりよく生きるために生涯学び続けていくのです。苦手があることも、サポートを得て生きることも、恥ずかしいことでもなんでもなく、当たり前のことです。こうした理解のもと、長い目で見て丁寧なかかわりを続けていきましょう。

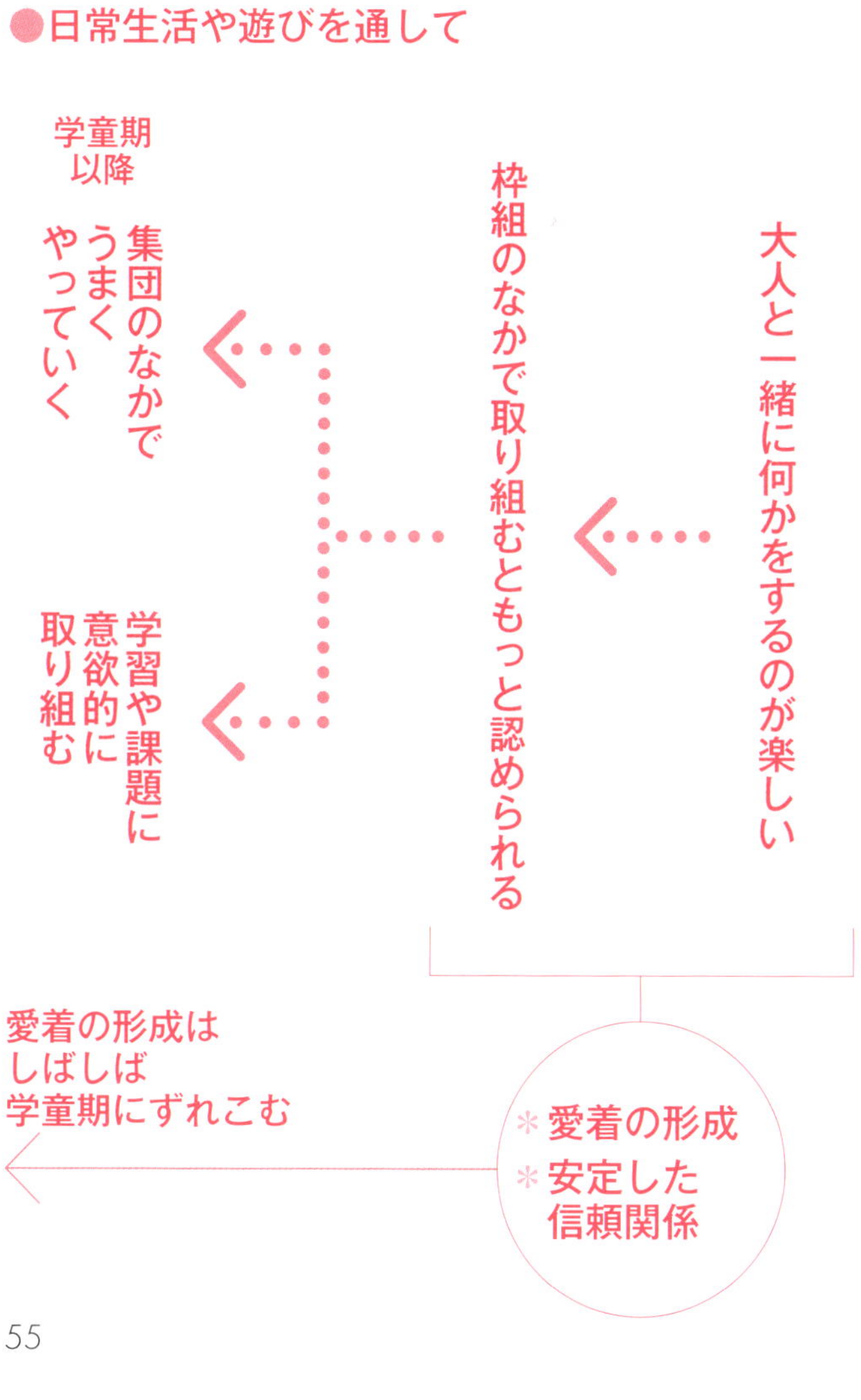
日常生活や遊びを通して
大人と一緒に何かをするのが楽しい
枠組のなかで取り組むともっと認められる
学童期以降
集団のなかでうまくやっていく
学習や課題に意欲的に取り組む
＊愛着の形成
＊安定した信頼関係
愛着の形成はしばしば学童期にずれこむ

身辺自立

生活リズム

もともとの生理的リズムを見極めながら、規則正しいリズムの循環を継続して実践していきましょう。

生活の内容と本人の生理的状況に気づく

もともと生理的リズムが乱れやすい体質の子どもがいます。眠いときや調子の悪いときに何かをやらせようとしてもうまくいきません。

ねむいよ～
グズグズ
イラッ
ごはん
作っているの
あぶないわよ！
ねえねえ
あそぼー

たとえば、お母さんが夕食の支度で忙しいときにテンションが上がるのに、夕食のときは眠くてぐずぐず。

生理的リズムに合わせて生活を整える

体質を変えるのは難しいので、それに合わせて生活（環境）を変える工夫をしてみましょう。

ZZZ
おいしい～
よかったわ

夕食の支度を早めにしたら、食事がしやすくなりました。

健康な生活

生理的状況

＊排泄	排便のリズム、便の質
＊食事	規則正しい食生活、食欲
＊睡眠	睡眠時間、寝つき･寝起き、睡眠の質
＊体調	機嫌、顔色、運動、病気のときの過ごし方

生活の内容

＊適度な運動　＊精神的安定

リズムのある健康な生活には生理的状況と生活の内容の双方が関係します。その子の育ちに合うように、1日のなかで活動と休息のバランスを考えていきましょう。

もともとリズムが乱れやすい子もいる

　子どもが生きていくための力を備える基本が、身辺自立の課題です。なかでも食事、排泄、睡眠は生理的三原則といわれ、食事だけ、排泄だけと部分的に考えるのではなく、一日の生活を総合的に組み立てることが大切です。

　子どもがもともと持って生まれた生体リズムには個人差があります。リズムが乱れやすい子は何かに取り組むときに困難さを表すことがありますが、そうした背景に親も意外と気づいていないことが多いです。リズムの難しさはあっても、その子の状況に合ったリズムのなかで習慣づけることによって規則正しい生活に整えていくことは可能です。幼児期にしっかりと実践することで、就学の頃には大きな問題となることは少なくなりますから、その子のリズムに合わせて、一日の過ごし方を見直してみましょう。

POINT

何かに取り組むのは調子のよいときに

　子どものなかには、自然にいつも同じ時間に眠くなったり、放っておいても規則正しい生活リズムになる子もいれば、もともとリズムが乱れやすい体質の子もいます。このタイプの子は、できるときとできないときの差が激しく、眠いときや調子が悪いときに何かをやらせようとしても徒労に終わることが多いですから、調子がよいときに課題に取り組ませるようにしましょう。

応用編

生活リズムを整える基本の循環

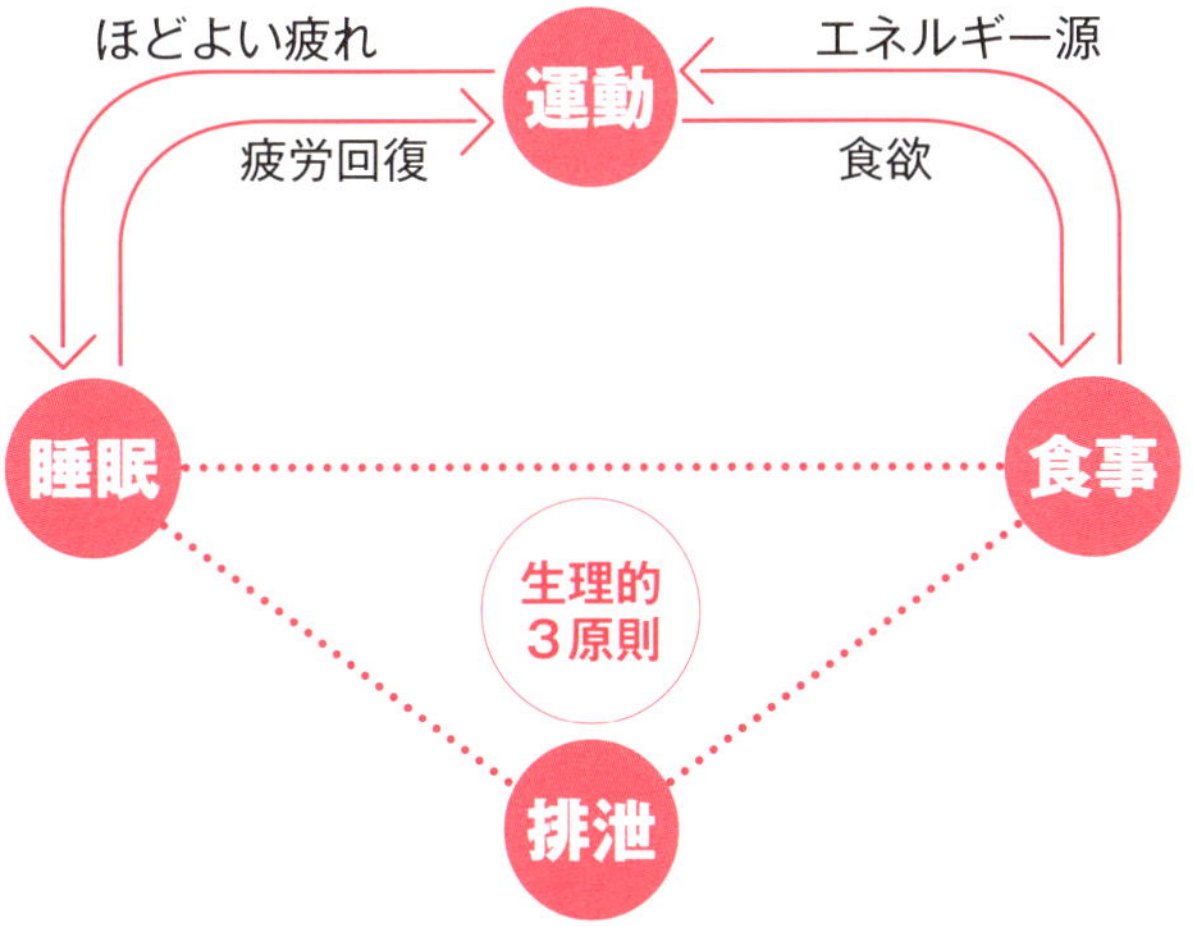
ほどよい疲れ
運動
エネルギー源
疲労回復
食欲
睡眠
食事
生理的
３原則
排泄

日中しっかり運動（活動）することによって、おなかがすき、食欲が出てしっかり食べることもできますし、適度に疲れて質のよい睡眠にもつながります。食事や睡眠が整った結果、排泄もきちんと認められるようになります。このような健康的な生活が過ごせることによってまた運動もできる、というように、身辺自立の項目は、相互に影響して循環しています。総合的によい循環になるように考えることが大切です。

身辺自立

食事

「できない」と言う前に、本当に子どもにわかるような方法で教えているか見直してみましょう。

ステップ1 うまくいくポイントを知る

困った行動の背景には、彼らなりの理由があります。

食べこぼす・手づかみで食べる

早く食べたい
不器用
かむ機能、飲み込む機能の遅れ

口の機能、道具を扱う手先の機能の問題と、マナーの問題の両面が考えられます。

偏食がある

こだわり
味覚過敏

味覚過敏やこだわりがあると「食わず嫌い」も増えてきます。徐々に慣れさせる工夫をしてみましょう。ただし食べると気分が悪くなる場合は無理に食べさせないようにします。

ステップ2 工夫する

食べやすい道具の工夫

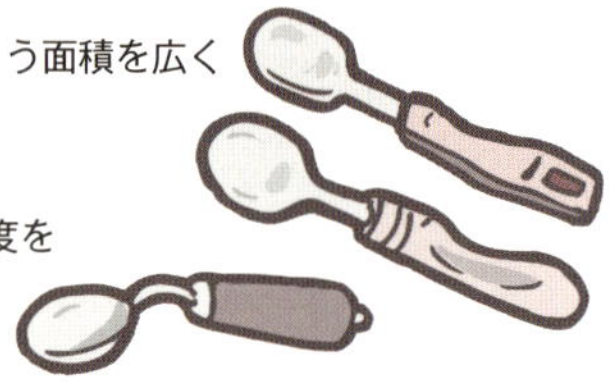

すくう面積を広く
柄の角度をつける

飲み込みやすい調理の工夫

かたさ、大きさ、粘り気など

調理法や盛りつけを工夫する

野菜は刻んでカレーに

食べられないと決めつけず試してみることも大事

オムライスが好きなら同じケチャップ味のスパゲティに

食機能の発達には順序がある

食べ物をかみ砕いたり（咀嚼《そしゃく》）、飲み込んだり（嚥《えん》下《げ》）する機能は、順番に発達していきます。年齢だけから判断して、その子の発達段階に合わない要求をしているとうまくいきません。

たとえば、かむ機能が十分でないのに、かたい食べ物を口いっぱいに詰め込んでしまうと、一見食べているように見えても丸飲みの癖がついてしまったりします。その場合は軟らかいものから徐々に段階を踏んでかむ練習

食事中に立ち動き回る

空腹感がなく食事に無関心
多動・衝動
対人意識の弱さ

多動・衝動性は食事のみの問題ではない場合もあります。刺激の少ない環境づくりや食事時間の流れを組み立てることで落ち着いて食事ができる習慣を少しずつ広げましょう。

間食をしない生活
刺激の少ない環境
タイマーなど
立ち上がりにくいいす
席を決める
エプロンを外すまでは座っているなどルールをつくる

をしていきます。現在どこまでできているのかを見極め、それに合わせた食事にしていくことが、回り道のように見えても、実際は近道となります。

機能とマナーの両面から「何ができて何ができないか」を把握する

食べる機能は段階的に発達します。機能が未熟なのにいきなり高度な技能を要求してもうまくいきません。体の機能や脳の認知の発達に合わせて1ステップずつできるようにしていく必要があります。機能面とマナー面の両方から、「今、何ができていて何ができないのか」を見直し、課題を設定することから始めましょう。

もともと持っている力が弱い子どもに「なぜほかの子と同じようにできないの」という要求をしても、食事に対する拒否感を強め、悪循環を招くだけです。道具などは扱いやすく改良して、取り組みやすくします。

食べることは生きていくための基本的な営みであり、身体的にも精神的にも大きな影響を及ぼします。単に栄養をとるだけでなく、その子のペースで食事から満足感や楽しさを味わえることが大切です。

応用編

外食は楽しい体験になるように

レストラン

外食はしなければならないものではありませんが、楽しみやゆとりを広げる意味ではできるようにしていきたいことでしょう。

日常生活が安定していることが前提ですが、それでも新しい場所には不安を抱いたり、待てないことも多いです。出かけても叱って終わりということにならないように、いろいろな場合を予測して、よい体験になる準備をして出かけましょう。

- 理解してくれる店を探す
- 同じ店で体験を重ねる
- どこに行くか、何を食べるかをあらかじめ伝える

身辺自立

排泄

「できなければ困る」と追い立てるのではなく「必要なことだから、本人の発達に合わせて自分でできるように取り組もう」と考えたい課題です。

ステップ1 うまくいくポイントを知る

困った行動の背景には、彼らなりの理由があります。

トイレに行かない

過去のマイナスイメージ
におい過敏
落ち着いて向かえない
いつ行っていいかわからない

過敏性や過去のマイナス体験で「トイレに行きたくない」と思ってしまう場合があります。

おむつが外せない

処理が簡単だから使い続けている
ぬれる不快感が少ない

尿吸収のよい紙パンツを使い続けていると、おもらしの不快感を避ける感覚が希薄になってきます。

ステップ2 工夫する

時間を決めて誘導する

トイレ、行こうか?

トイレを清潔に保ちにおいを少なくする

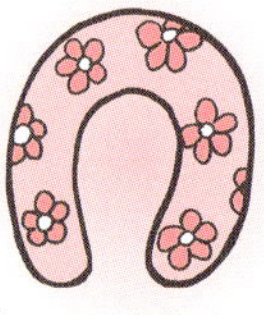

好きなカバーなど座っていられる工夫

徐々にトイレでの排尿を促す

トイレ、する?

特に膀胱機能の異常などがなければ、徐々に使用する時間を制限して、布パンツに替える。ぬれても決して叱らず、頻繁に取り替える。

トイレのイメージを心地よいものに

排泄の自立は最も基本的で重要な課題であるだけに、大人も「これができなければ困る」と焦りやいら立ちを感じてしまいやすいものです。しかし、トイレでの失敗体験は心の傷として残りやすく、過去に強制されたり、叱責されたりといったいやな体験があると恐怖心からトイレに抵抗を持つようになってしまいます。

トイレの壁やグッズを明るいものにするなど環境を整え、励まし、できたことを一つひとつ喜びながら、「トイレはおしっこやうんちをするところで、怖いところではない」ということをわかりやすい形で伝えていくことが大切です。

じっくり丁寧に取り組む心構えを

排泄は生理的に必須の要件で、最も基本的な生活スキルの一つといえます。それだけに「こんなこともできないと困る」と考えられがちですが、排泄の自立には、快・不快の感覚から尿意・便意の確立、意思表示や衣服の操作、手洗いまでさまざまな段階があり、定型発達の子どもでも一つずつ教えてもらってできるようになっていく、難しいものです。

発達障害の子どもたちにとってはなおさら時間がかかることを理解したうえで、じっくりと丁寧に寄り添う心構えが必要です。

技能を身につけさせるためのいろいろな工夫や取り組み方によって、必ず身につけられるのだと信じて、一つひとつクリアしていく達成感を大切にしながら根気よく取り組みましょう。

排便で失敗する
胃腸の問題
エヘッ
便意が未熟
心理的な問題
習慣が未確立

排便が成功するには、排便リズムや便意などさまざまな要因が絡み合っています。

意識が伴わないと自然にはできないので細やかな対応をくり返す

モゾモゾ

排便の傾向をつかみ、習慣づけていく

じょうずね
ウ〜ン

排便のサインや力む感覚を伝える

応用編

おねしょにはストレスが影響する場合もある

おねしょが乳幼児期から続いている場合、中枢神経系の膀胱反射に対する抑制機能の低下や抗利尿ホルモンの分泌低下、膀胱の過度の緊張など、体の器質または機能的な問題がある場合があります。一度、小児科・泌尿器科で検査してみるほうがよいでしょう。

途中からおねしょが始まった場合には、なんらかの身体的ストレスや精神的ストレスが影響している場合も考えられます。泌尿器科的なチェックをしつつ、本人の心構えやしつけの問題ではないことを理解して、周囲がおおらかな気持ちでかかわることも大切です。

身辺自立

着脱・洗面・入浴

「やってもらう」ではなく一つひとつステップを踏みながら、自分でできることを増やしていきましょう。

ステップ1 うまくいくポイントを知る

困ったことの背景には、彼らなりの理由があります。

ステップ2 工夫する

ボディーイメージの弱さや動作のプランニングの苦手さのため

服の前後左右、靴下のかかとがわからない

意識して着ていない

シールを貼って手順を示す

着替えたあとにチェックする項目を教える

- 前後左右はあっているか
- シャツは出ていないか
- えりや袖がねじれていないか
- ボタンはかけ違っていないか
- ファスナーは上がっているか

など

触覚過敏があると

布地やタグが痛い

タグを取る

縫い目の少ない服に

シャワーが痛い

顔を洗う、髪を洗う、歯みがきが嫌い

シャワー圧を下げる

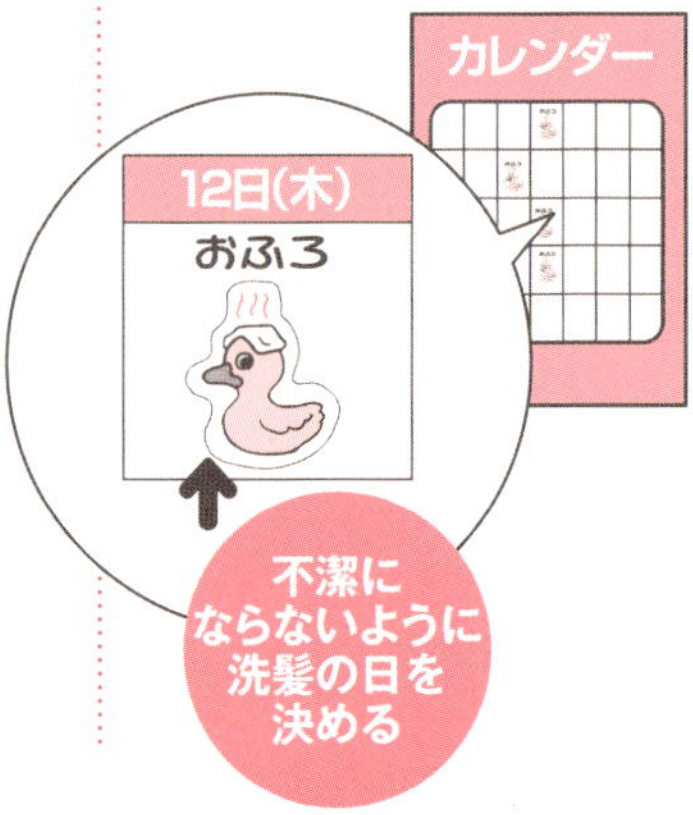

不潔にならないように洗髪の日を決める

ちょうどよいサポートでやる気を育てる

着脱や洗面は、食事や排泄のような本能的な営みではありませんから、放っておくといつまでも身につきません。発達障害の子どもはそうしたスキルが身につきにくい特性を持っていますが、だからといっていつまでも「やってあげる」のでは大人になっても基本的な生活が困難なままです。手伝いすぎず、過度の要求にならないように自ら取り組める自信ややる気を育てるかかわりこそが、技能的なことそのものよりも重要といえます。

過敏性などの困難さがあればできるだけそれを軽減する方法を工夫します。一連の動作は手順をわかりやすく示すことで取り組みやすくなります。動作を起こしやすくする手がかりと事後確認のステップをくり返し、できたことをほめていくことが次への自信につながります。

応用編

歯みがきやお風呂もスモールステップで

発達障害の子どもにとっては、歯みがきや入浴なども清潔のためという意味がわからないまま、痛い体験などをして不快な場面になることがあります。小さなステップで、徐々に違和感に慣れさせていきます。

●**歯みがき**

口腔内感覚に慣れる→口を開け、かみ合わせの練習→ブラシを当てる→動かす→みがく位置を移動する→適度な力を入れる

●**お風呂**

しぼったタオルで体を拭く→濡れタオル→少し手で濡らす→お湯で濡らす

POINT

不器用さやこだわりも

落ち着きがなく持続して取り組むことが難しい場合や、不器用なために着脱に時間がかかることもあります。また、こだわりから、夏になっても長袖から半袖に切り替えられない場合もあります。まずはつまずきの背景にある理由を把握することが大切です。

POINT

取り組みやすい方法を工夫する

動作はくり返すことで身についていきますが、どのように始めるかが難しいのです。判断力の弱さを助けるような目印をつけることで「できた」という経験になり、自信を持って取り組めるようになります。

POINT

「早くやりなさい」ではなく「できたね」

子どもはできるように教え、つまずきを整理してあげることでできるようになっていきます。大人の不快感から怒るだけでは、自信をなくすだけです。多少時間がかかっても、「できたね」と一つひとつを認めることをくり返すのが大切です。

身辺自立

片づけ

「お片づけ」の苦手さに対しては、物のみでなく思考の整理も必要です。時間と手間を十分にかけて状況を整理し、くり返し説明することが大切。

片づけの苦手さ

発達障害の子どもの整理整頓は、やる気の問題ではなく支援が必要と心得ましょう。

どうしたらいいかがわからない
出しっぱなし
使いっぱなし
道具をもてあます

工夫する

叱らずに状況を整理して冷静に伝えましょう。物理的な工夫のほんの一例です。

つみき

物をしまう場所を決めておく。

おもちゃも
おうちに
帰らないとね

どこにどうやってしまうかを一つひとつ説明する。

くまさんは
私が
お片づけする
一緒に
お片づけ
しましょ

親も一緒にやってみせる。

楽しくお片づけの練習を

幼稚園や保育所では「お片づけ」は共同作業です。あたふたしていても先生や周囲の友達がみんなでやってくれます。ところが小学校に入ると机とランドセル棚を与えられ、自己責任で整理整頓することを求められます。複雑な道具類が一気に増え、もともと苦手さを持つ子どもは、急に大きな負担を強いられ、つまずいてしまいます。幼児期から使ったものは片づけるなど基本的なスキルは練習していきましょう。

彼らは整理整頓に無関心だったり、物に付随する意味がわからないなどの特性を持っていますが、教えられれば学んでいくことができます。大人向けの雑誌でも「収納特集」が組まれるように、物理的な工夫次第でずいぶん過ごしやすくなりますから、叱るのではなく、大人も子どもも楽しんで取り組めるよう、工夫してみましょう。

POINT

「片づけはよいこと」と思えるように

片づけをして部屋がきれいになると、物が見つかりやすいこと、遊べるスペースが増えることなどよい面を教えましょう。片づけをしたらほめることも忘れずに。

POINT

スモールステップで

発達障害の子どもは、煩雑な状況が苦手で、複雑な指示を与えられても混乱してしまいます。たとえば散らかりやすいおもちゃや脱いだ洋服などは、投げ込むだけでよい箱をつくり、いつもそこに入れる習慣をつくることから始めれば、物が散乱するのを防げます。

応用編

片づけのための工夫の例

一緒に使うものはセットにしておく

おもちゃを入れる箱を用意

物の場所を決めておき、一目でわかるように写真や色で示す

社会性を育む工夫

愛着と親子の関係づくり

日常でできることを増やしていくためには、愛着と安定した親子関係のもとでの安心感が不可欠。毎日一緒に行なう体験の一つひとつが、安定した関係づくりにつながるように工夫しましょう。

愛着の形成は人の基礎

愛着と基底的信頼（自分は存在価値があると感じられる世界に対する絶対的信頼感）の形成は、人を支える根っこのようなもの。

＊いろいろな愛着行動＊

接近

愛着者について回る

信号行動

泣いたりして愛着者に信号を送る

アイコンタクト

愛着者をじっと見つめる

楽しい体験を通して安定した関係づくりを

子どもの興味に大人が合わせる形で、「一緒に何かやると楽しい」体験を積み重ねましょう。それが社会性や愛着の形成にもつながります。

＊大人からのはたらきかけに注意を向ける

ボールの転がし合い

好きな物の受け渡し

イナイイナイバア

＊好きな物や体を通して触れ合う

＊大人が子どもの注意の対象に合わせて発語

楽しい気持ちを共有することが大切

愛着行動とは、不安や恐れを愛着者の存在によってなだめる行動です。愛着が形成されれば、愛着者がそこにいなくても、イメージすることによって不安をコントロールすることができ、これは将来にわたって情動コントロールの基盤となる大切なステップです。

自閉症スペクトラムの場合、視線が合いにくかったりするため、次第に親子関係が不安定になったり虐待的な子育てになってしまう危険性が高くなります。しかし、彼らもかかわりを拒否しているわけではありません。

そもそも感覚のズレがあるので、一方的に気を引こうとするばかりではなかなか通じません。彼らの興味のあるものを通じてうまくやりとりをする工夫が必要です。そうして親も子も「一緒に何かすることが楽しい」という気持ちを共有することが、日常でできることを伸ばしていくためのよいベースをつくることにつながります。

POINT

自閉症スペクトラムは視線が合わない？

自閉症の特徴の一つに「視線が合わない」ということがあげられます。両親の呼びかけにも反応せず無表情に見えるので、子どもがかわいいと思えず、かかわりが乏しくなってしまうこともあるようです。しかし、多くの場合、少しずつ視線を合わせることを覚えていきます。

POINT

自閉症スペクトラムの子どもは愛着形成が遅れる

特性上、愛着が育ちにくい自閉症スペクトラムの子どもも、生涯にわたって愛着が形成されないわけではありません。愛着形成が遅れて、小学生になってから急にベタベタと養育者について回る行動を見せる子が少なくありません。

応用編

コミュニケーションの基盤となるもの

発達は段階的にいろいろなことができるようなっていきます。どこかに苦手やつまずきがあるとその部分だけとらえてしまいがちですが、全体の発達のなかで考えることも大切です。

たとえばコミュニケーションについても、言葉だけでなく、その基盤には次のようにいろいろなステップがあります。全体的な発達のなかで今何ができていて何ができないのかと考えると、次の課題も見つけやすくなります。

- 状況判断
- 絵を描く
- 言葉
- 模倣（まね）
- 見立て遊び
- 物の受け渡し
- 指さし
- 伝達意欲
- 愛着

社会性を育む工夫

困ったとき助けを求める

困ってもどうすればいいかがわからない子が少なくありません。「困ったときには助けを求める」ことは最も早期に教えておきたいスキルの一つです。

ステップ1

「困っている」状態がどういうことかわかる

この子はどうしたのでしょうか？考えてみましょう。

そのときどんな気持ちでしょう？

体はどんな状態でしょうか？

「困っている」とは…

- 言葉が出ない
- 泣けてくる
- 頭が真っ白
- イライラする
- どうしたらいいのかわからない

ステップ2

困ったときにどうすればいいかわかる

ステップ1のような困った状態のときはまず助けを求めることを教えましょう。

まずは助けを求めることが肝心

　発達障害の子どもたちは、身体感覚と感情の結びつきに隔たりがあることが多く、イライラしたり、涙が出たりしても、どうしてこのような変化が起きたのかわからず混乱が続きやすいです。

　大人でも日常では大小さまざまな困ったことが起こり、すべてに完璧に対処できるわけではありません。ときには失敗したり傷ついたりしながら次に生かしていくのですが、それはある程度客観的に状況を判断できる能力がなければ難しいことです。「助けを求めること」を早期に身につけなければ、小学生、中学生になってもどうしたらいいかわからず困ったまま、二次的な問題につながりやすくなります。幼児の場合、まずはお母さんを呼ぶことができる、幼稚園で先生に困っていることが言えるなどがうまくやり過ごすための最初のステップとなります。

応用編　おとなしいタイプは要注意

　問題を起こす子どもには丁寧にかかわる一方で、受け身型のおとなしいタイプの子は一見問題がないように見えるため、放置されがちです。しかし、社会的な学びができなければ、大きくなってから困ることになります。周りに何かをしてもらっているだけでなく、自分で助けを求めるようになることが大切です。

POINT　自分の感覚がどういうとき困っているのかを教える

　自閉症スペクトラムなどの子どもたちは、パニックになったり、固まってしまっても、自分が今困っている状態だということはわかっていない場合が多いです。

POINT　困ったことをそのままにしておくと…

　問題が解決されないばかりか、さらに困った状況になってしまう場合もあります。困ったことをそのままにしておくと、失敗してしまったという事実にばかり目が向きやすく、次の取り組みをやりにくくしてしまいます。

社会性を育む工夫

集団にいられること

集団が苦手な子どもは長い目で見ていくことが大切です。最初から全部ほかの子と同じようにできることを要求するのではなく、まずは「いられること」をめざしましょう。

集団は負担が大きい

集団は発達障害の子どもにとって
関係性が複雑で、刺激が強く、
どう行動すればいいかわかりにくいものです。

ほかの子と遊ばない

あっ
だんご虫だ！

一人遊びが好きで、ほかの子が近づくと逃げだしたり、自分だけの独特な遊びに没頭することがあります。

行事や発表への参加をいやがる

みんなと
ダンスの練習
しましょ
おゆうぎかい
パチパチ
ザワザワ
やだ!!

運動会や発表会の練習に参加しない、ほかのクラスの発表を座って聞いていられない、行事の当日になって泣きだすといったこともあります。

工夫する

子どもが楽しむことを大事にしながら、
無理なく参加できる方法を見つけましょう。
徐々に参加できる時間や範囲を広げていきます。

＊ほかのことをしていても同じ場所で過ごす

ゴハンですよ
のりもの

＊時間を区切って参加する

やくそくを
やぶった
さるさんは…
さるかにがっせん
5分だけ
座ってお話
聞こうね
うん！

＊本人の興味のあるものにほかの子を誘う

その電車
かっこいいね

集団に「いられる」ことから徐々に「いて、できる」へ

初めての場所、人、初めての課題などは、何をどうすればよいのかわからず、誰でも戸惑うものです。社会性にかかわる部分の特性上、特に集団が苦手な子どもたちは、最初からほかの子と同じように同じことができるわけではありません。それぞれのペースを尊重し、まずは部分的にでも「集団のなかにいられる」ことから始めましょう。徐々に参加できる時間を延ばしたり、ほかの子と同じ課題ができるようにしていきます。

幼児期に「いやがれば参加しなくていい」「勝手なことをしていてもいい」という間違った学習を積み重ねてしまうと、小学校に入ってから、集団行動ができなくて困ったり、やるべき課題をやらずに過ごしてしまうことになります。集団に参加することを身につける方向で、そのためにどう工夫をすればよいかを考えていきましょう。

応用編

集団に参加しなくてよいわけではない

最初から「この子は参加できない」と決めつけてしまうと、本当はやり方がわからないために拒否しているだけで、工夫してやり方を伝えさえすれば楽しく参加できるかもしれないのに、その可能性すらなくなってしまいます。集団のなかで生きていくことは、生涯にわたって不可欠ですから、そこに苦手さがあれば、なおさら早期から丁寧にサポートしていくことが必要といえます。

POINT

無理にがんばらせるのは NG

社会性を発揮する場面で苦手の多い子どもは、ほかの子どもたちと同じ時期に同じように遊べるとは限りません。無理やり参加させようとしても逆に人とのかかわりを避けるようになってしまいますから、抵抗なく参加できる形で、まずは部分参加から徐々に集団に近づけていくようにしましょう。

POINT

多動の場合も徐々に集中を延ばしていく

多動性・衝動性のある場合、絵本の読み聞かせや発表を聞くなどの場面で、集団のなかで静かに座っていられず、何度も立って歩き回ったり、ふらふらと出て行ってしまったりすることがあります。特性上、ある程度は気が散ってもしかたがないと認めつつ、注意がそれたらそのつど戻すようにします。根気よくかかわり、少しずつ集中できる時間を延ばしていきましょう。

身体感覚を育む工夫

リラックスのしかた

困ったときや興奮したときには、まずはクールダウンすることが必要です。大人がはたらきかけてクールダウンさせてあげることが大切です。

緊張をゆるめる

いやな気持ちを楽な気持ちに変えることができるように
大人がクールダウンさせてあげます。

抱きしめて息を「フーッ！」と吐かせる（過敏性がない場合）
ダラ〜ン
手をぶらぶらさせる
触れてあげる
軽くジャンプさせる
ブ〜ン
ジーッ
好きな感覚的なおもちゃや道具を見る、振る感覚に没入するなど

大人がクールダウンさせてあげることから

パニックになった子どもに「落ち着きなさい！」と注意することはよくありますが、定型発達の子どもは自然にクールダウンできても、身体感覚の弱い発達障害の子どもは自然にはできません。特に過敏性があって、少しの刺激で興奮しやすい場合などに顕著です。

まずは「よしよし」と大人がクールダウンさせてあげることが第一段階です。次の段階では、落ち着くやり方を大人が教えて、自分でもクールダウンできるように身につけていきましょう。

緊張がやわらぐという感覚がわかることで、体のコントロール能力やコミュニケーション能力を高めることにもつながると期待できますから、小さいうちから大人と子どもが一緒に取り組んでいきましょう。

POINT

いやな気持ちのときは体が緊張している

発達障害の子どもの多くは、体の感覚に対する気づきが弱く、身体感覚とそれを表現する言葉の関係がうまくつながっていません。いやな気持ちのときは体がどういう状態で、落ち着くというものがどういう状態かも教えていくとよいでしょう。

応用編

いろいろなリラックスのしかた

過敏性やこだわりなどその子の特性に配慮して、どうすればクールダウンできるかを見つけましょう。

今のいやな刺激とは違うことに視点を移したり、本人の好きな話題（こだわり）にのってあげます。

過敏性がある場合は、落ち着く場所に移動したり、狭い場所に行くなど、クールダウンのスペースを使います。

身体感覚を育む工夫

体を動かす

運動の苦手な子は、自然と運動を避けるようになってしまいがちです。しかし、運動は感覚・認知の発達と深くかかわっていますから、積極的に体を動かすことがすすめられます。

ステップ1 苦手なポイントに気づく

発達障害の子どもは身体感覚をつかみづらく、複数のことを同時に行なうことが難しいなどの特性から、いろいろな運動が苦手です。社会性の特性から体を動かす機会が少なくなっていることもあります。

ボール投げができない

体がふにゃふにゃして不安定

ステップ2 工夫して楽しく体を動かす

単に「運動が苦手」と放置するのではなく、楽しく体を動かすなかで、動きを一つひとつ分解して教えます。

大きなボールを転がすことから

大人と組んでいろいろな姿勢をとる遊び

体を動かすのは楽しい！感覚を育てる

運動は結果がはっきりとわかりやすいため「ほかの子と比べてこの子はできない」という評価をしがちです。しかし、結果がすべてではありません。運動することが生活リズムを整えることにつながったり、周囲とのコミュニケーションを学んだりと付随する利点も多くありますから、できるできないにこだわらず「体を動かすことが楽しい」と思えるような工夫が大切です。

運動が苦手でも、物を使ってゲーム感覚の遊びにすれば楽しめたりします。親子一緒に触れ合いながら楽しむこと

みんなの遊びに参加しない

先生に手を引かれてみんなと走る

先生もみんなと一緒に行くよ
ボク一番！
アハハ…

で、愛着や社会性を育てることにもつながります。

ゆっくりであっても「昨日の自分よりできるようになった」のであれば、その子にとっては大きな前進です。そのことを認め、喜ぶという当たり前のことを積み重ねていってほしいと思います。

身体運動の不器用さがある場合、作業療法士に相談しましょう。

運動が苦手なのは単なる体力不足ではない

発達障害の子どもの多くは身体感覚が弱いうえ、複数のことを同時に行なうのが苦手です。そのため、動きがぎこちなくなってしまう子が少なくありません。運動の多くは体の複数の部位を調整しながら使ったり、自分と環境（ボールや縄など）の両方の動きをコントロールしなければならないので、とても難しい課題です。

しかし、苦手だからといって運動を避けてばかりいると、認知機能や体の感覚をはたらかせる機会も失ってしまいます。「この子は運動ができない」と決めつけず、一つひとつやり方を丁寧に教えていけばできるようになります。かといって、叱咤激励して強引にトレーニングを強いるのも考えものです。まずは親子一緒に運動を楽しむこと、そして、よい結果で終わり、それを認めてほめるということがポイントです。

応用編

まずは全身運動から

体の動きは全身を動かす運動（粗大運動）が発達してから、動きが多様化し、指先などの細かな運動（微細運動）へと順に発達していきます。特定の部分だけ集中してトレーニングするよりも、まずは歩く、走る、跳ぶといった全身運動を多くして体の機能全体の向上をめざすことをおすすめします。

また、特別なスポーツトレーニングが必要というわけではありませんが、調整する運動よりも腹筋運動など筋力を向上する運動のほうが成果が上がりやすいようです。基本的な日常生活スキルを向上させるなかで、活動的に過ごし、運動する機会を増やしていくことなどを心がけましょう。

身体感覚を育む工夫

手・指を使う

不器用さは見過ごされがちです。しかし生活全般にわたって影響は少なくなく、将来困ることになりますから、早期からのサポートが必要です。

指先の不器用さに気づく

ボロボロ
●箸やスプーンがうまく使えない
●食べこぼす
●紙を破く
●字が汚い
●道具を上手に使えない

工夫する

パズルのように重ねてごらん
最後までがんばれたね
先生できた！

お手伝いのなかで楽しく指先を使う

できる課題で成功体験を

現代の子どもはみんな不器用？

現代の子どもは、室内遊びが増えて体を動かす機会が減っているといわれますが、たとえば、手を洗うときに蛇口を「ひねる」という指の運動を行なっていたものが、手をかざすだけで水が出るようになったりと、暮らしがより便利になる一方で指先を使う機会も減ってきています。

しかし、指先の育ちが弱いからといって、強引に細かな指のトレーニングを行なうのはすすめられません。日常生活のなかでの地道な取り組みが重要であるとともに、粗大運動（全身運動）が発達して

不器用さは見過ごされがち

子どもが不器用さを持っていても、単なるしつけの問題だと思われたり、年齢を重ねれば自然に解決する個人差だとして見逃されることが多く、支援が必要な発達の問題とは考えられにくいようです。しかし、そのままにしておくと、失敗して否定的な感情を味わうことが多く、不器用さを隠すために、苦手な課題を避けるようになったり、あえてふざけたり困った対応をとるようになったりと、不適応行動や自己否定感につながっていきます。

手・指、全身にかかわらず、体を動かす課題は結果が目で見てわかりやすいため、失敗したときの挫折感は少なくありません。逆に成功したときの達成感や、周囲に認められる影響も大きいものです。

日常のお手伝いなどで取り組みやすい課題から始めて、小さくてもその子にとっては前進といえるステップを積み重ねていくことが大切です。

POINT

運動が苦手な子は不器用なことが多い

全身運動と手・指の運動は密接に関係しています(74ページ)。不器用さがあると小学校に入ってから図工や家庭科の実技あるいは学習全般にわたって影響してきます。見過ごさずに工夫を考えていく必要があります。

POINT

毎日のお手伝いはよい練習に

家事は手や道具など決まった使い方で毎日くり返し行ないます。指先を使うよい練習になるとともに、基本的な生活を身につけることにもつながっていきます。

応用編

よく物を落とすのはなぜ？

よく物を落とすのは、不注意以外にも手・指の発達が遅れているために物をつかみにくいことが影響しているのかもしれません。机の上がごちゃごちゃしているなど、ほかの要因も考えられます。不注意をすぐに改善するのは難しくても、机の整理整頓は物理的な工夫をすることができます。

食事のときによく食べこぼすのも、不器用で箸やスプーンがうまく使えないという手・指の発達の問題、味覚の問題、マナーを教えられていない、などさまざまな背景が考えられます。このように、困った問題に対してはさまざまな角度から考え、できることから対処をしていくということが重要なのです。

いないと指先をうまく扱うことはできませんから、むしろ全身を動かす機会を多くすることをおすすめします。

不器用がとても気になるときは、作業療法士に相談しましょう。

身体感覚を育む工夫

姿勢を保つ（着席）

立っていること、着席していることなど姿勢を保つことは生活のなかで不可欠ですが、体の感覚のイメージをつかみにくい子どもにとっては、とてもつらいこと。いろいろな工夫や支援が必要です。

ステップ1 発達の遅れによる困難さに気づく

姿勢の悪さは特性からくるもの。態度が悪いと叱らないで

席を立つ、動き回るなどの行動をしている子の多くは、体のコントロールが未熟で、姿勢をとるときに不自然な力を入れているために長時間維持することに大変な労力を要しています。

座る面に過剰な圧力をかけていないとすべり落ちていってしまう

重心が安定しないため体をゆすったりいすをガタガタ動かす

ひざを立てたり横向きにならないと姿勢が保てない

ステップ2 工夫する

「3分間だけ座ってみよう」と限定された時間から徐々に着席時間を延ばす

できたらがんばりを評価する

体を動かして全身の筋力や感覚を育てる

姿勢を保つには筋力も必要

大人でも腰痛になったり、加齢によって筋力が衰えたりすると、姿勢を保つのは困難です。同様に、子どもも筋力がある程度発達しなければ姿勢を保つのは大変なことなのです。

車で移動することが多く、よい姿勢で座る場面も減ってきた現代生活のなかでは、定型発達の子どもでも姿勢が悪い子が多く見られます。特に幼児期は筋力が未発達な場合も多いですから、日頃から、活動的に体を動かすことで筋力や身体能力を上げていく機会を意識してつくっていきましょう。

「着席」は予想以上に難しい課題

「食事中に席を立って歩き回る」「幼稚園の教室を飛び出す」「着席しているが落ち着きがない」などはよく発達障害のある子どもの問題行動として取り上げられますが、身体感覚や筋力が弱い彼らにとって座り続けることは、かなりの努力を要する難しい課題です。

それでも、小学校に入れば授業中に座っていることは不可欠ですから、入学前から適切なサポートをしていくことによって着席を維持できるように取り組んでいくことが必要です。

観察記録をつくってみるとどんなときに席を立ってしまうかの傾向が見えてきます。気温などの環境条件や本人の体調などが影響していることもあり、室温を調節したり、休憩をとらせるなどの工夫によって着席が続きやすくなることもあります。

応用編

座り姿勢を助けるクッション

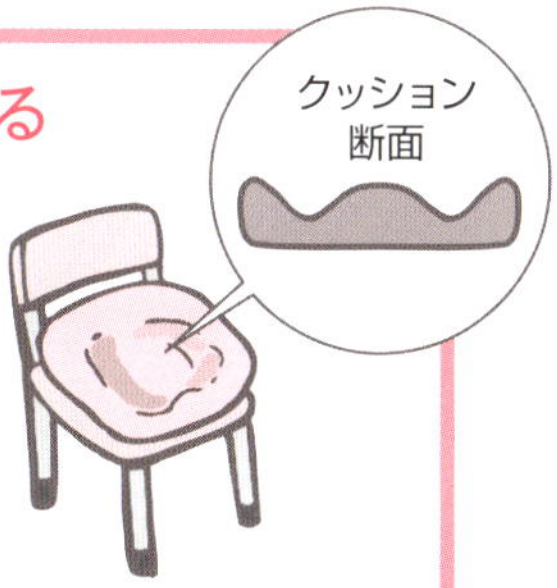

座った姿勢を保つのを助けるクッションやすべり止めなど、物理的な補助具を使う方法もあります。

クッションを使用することによって、課題に取り組みやすくなったり、姿勢がよくなったりする効果があります。さらに、補助を用いながら正しい姿勢をとることによって身体機能が向上し、クッションを使わなくなってもよい姿勢を保てるようになることも期待できます。こうした取り組みは作業療法士の指導で成果を上げられます。

POINT

「体操座り」も不安定

席に座るだけでなく「体操座り」も不安定で倒れてしまう場合が多く見られます。そのためひざを伸ばして背中を丸めて座り、地面の砂をいじっていたりするのですが、これは乳児の座り姿勢と同じです。そのままでよいわけではありませんが、態度が悪いと叱るのではなく、発達の遅れのために姿勢を保つことが難しいのだという理解も必要でしょう。

POINT

課題はスモールステップで

着席が難しい子にいきなり長時間座り続けるような高い目標を設定しても、達成できない失敗体験を重ねる結果になってしまいます。あらかじめどのくらいなら着席が可能かを把握して、徐々に時間を延ばしていくプラス方向での評価を重ねるようにしてください。

なお、パニック時には「立ってはだめ」という指導をしてもかえって混乱を招きますのでクールダウンさせることを優先します。パニックを回避したり、なるべくパニックを短時間にする方法をとるようにします。

困った行動への対応

こだわりの調整

社会的に望ましくなかったり、生活していくうえで支障のある困ったこだわりには対処が必要ですが、几帳面さや持続力といった肯定的な面は生かしていくようにしましょう。

こだわり行動への対処の例

つねに恐れや不安などのネガティブな気持ちにさいなまれている自閉症スペクトラムの子どもたちは、できるだけ自分の周りの状況を「変えない」ことで安心しようとします。

日課を変えたがらない

みんなと一緒に練習しましょ
いや！ダンスきらい！

定例の日課にこだわり、運動会や遠足などの行事になるといやがって文句を言ったりします。

対処法

子どもにわかる方法で、事前に予定を伝えるようにする

○月○日には楽しい遠足だよ
今日はこんな予定があるよ
もうすぐ遠足ね。
カレンダー
きょうのよてい
13日(木)
えんそく
見てわかるようにシールなどを貼りましょう

毎日、その日の日課を説明し、週間・月間・年間の行事も「目で見てわかるように」図などで説明します。説明するというルールを大人が守ることで、子どもは安心し、予定変更におびえたり抵抗したりという態度が改善します。

ブランコなどの遊具で遊び始めると、人が待っていてもやめようとしない

Cちゃんばっかり！代わり番こだよ早くかわって！
ニコニコニコ

夢中になると、周囲の状況も目に入らず、制止の声も耳に届きません。無理にやめさせようとすればパニックになる場合も。

対処法

「○回こいだら交代しようね」と事前にルールを伝えておく

10数えたら、次の人ねルールを守って仲よくね
ハーイ！

事前にルールを教えてもらい、みんなで数を数えて「終わり」はどこかを教えてもらえば交代することができます。できたら「すごいね、えらいね」とほめてあげましょう。

「変えない・やめない・始めない」

発達障害、なかでも自閉症スペクトラムの子どもたちは、他者の意図を推測したり、状況を瞬時にとらえるのが苦手な特性のため、不安が高まりやすく、その不安に対処することも難しいのです。そのため、そもそも不安などのいやな気持ちが生じないように、できるだけ新しいことを始めようとせず、一度始めたことは変更せずにやめないという、特徴的なこだわり行動を起こします。

叱ったり、禁止したりして無理に取り除こうとしても不信感が募るだけですから、背後にある不安な気持ちを認めつつ、こだわりよりも強い楽しみを提供するようにします。

遊びなどを通して、人とやりとりすることが楽しいと思える成功体験を重ねることが大切です。

応用編

励ましてほめて行動を促す

自閉症スペクトラムの子どもたちは、「新しいこと」や「変化すること」に恐怖心を感じていることが多いため、簡単な課題であっても、粘り強く説明し、励まし、ほめてやる気を促しましょう。

大人でも、いきなり新しいことに取り組んだり、見ず知らずの人のなかに入っていくのは不安なものです。彼らにとって、新しいことに「チャレンジしようとする」だけで、ものすごくほめられるべきことなのです。

1 ▶ 簡単で応じやすいことに誘ってみる
2 ▶ ゆっくりと丁寧に行動を促す
3 ▶ 「うまくできること」が目的ではない

周囲を巻き込んで延々と同じことをさせようとする

この絵本は
5回読んだから
違う絵本を
読んでみない?
まだ!
もう1回
読んで!
くまさん

いつも同じ質問をして同じ答えを求め続けたり、外出時に何があっても決めたとおりに行動しようとしたりします。

対処法

早期に専門家に相談する

主治医に相談

激しいこだわりは強迫症状、強迫性障害へと移行することがあります。周囲の人を巻き込むようなこだわりが見られたら、できるだけ早く専門家に相談することが大切です。

困った行動への対応

感覚過敏（過鈍）への対応

ほかの人にとってはなんでもない刺激であっても本人にとっては耐え難い苦痛です。日々苦痛にさらされるなかで生きる大変さをたくさん想像しましょう。

いろいろな感覚過敏

聴覚

ワイワイ
ガヤガヤ

「音や声に対する過敏」
赤ちゃんや甲高い声、掃除機のような機械音、運動会のピストルのような突然鳴る大きい音に強い不快感

視覚

パッ
まぶしくて目がチカチカする！

まぶしい光や蛍光灯のまたたきなど「明るさに対する過敏」
特定の色やけばけばしい色など「色に対する過敏」

工夫する

先生のお部屋に行こうね
ガヤガヤ
嫌いな音を避ける
音が出るものに布カバー

聴覚過敏は一人ひとり症状が違いますが、一般的には徐々にゆるんでいくことが多いです。無理をせずに刺激を避けるようにします。

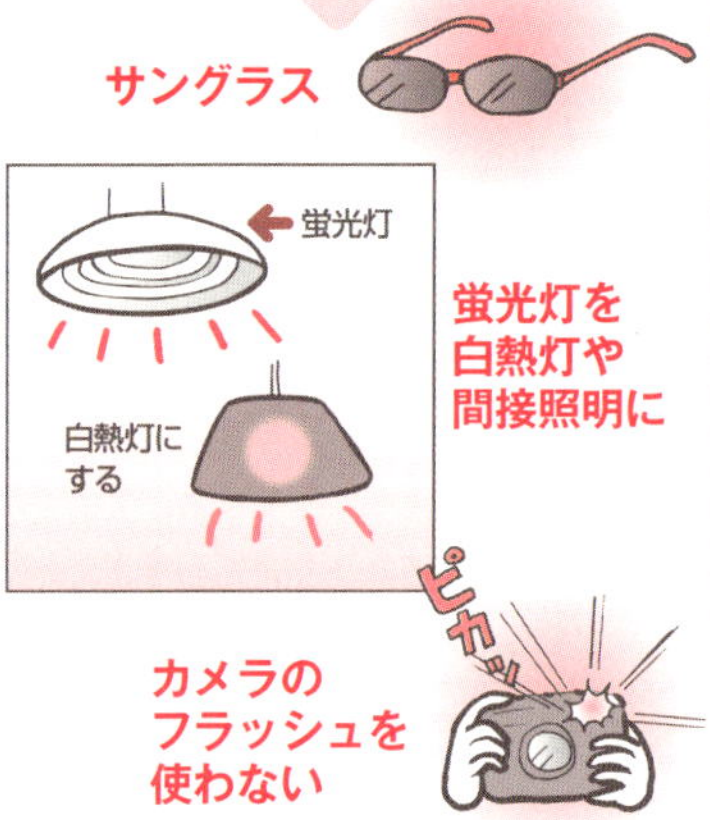

サングラス
蛍光灯
白熱灯にする
蛍光灯を白熱灯や間接照明に
ピカッ
カメラのフラッシュを使わない

視覚刺激に慣れることは難しいため、できるだけ刺激を遠ざけるようにします。サングラスはその人の過敏に合わせて調節した色つきグラスが効果的です。

感じ方は状態によって変わる

誰もがそうであるように、感覚過敏の多くは、そのときの状況や感情によって影響を受けます。どんなときに不快なのか、どうすれば楽に過ごせるのかを見つけていきましょう。

●気分や感情

体調が悪い、不安や恐怖心があるときなどに特に感覚過敏が強くなるようです。親しい人に触られても平気だけれど、知らない人には過敏反応が出る場合もあります。

●刺激がどういうものかを知っているか

たとえば病院の診察などの

際、事前にどんなことをするか詳しく説明してもらって安心することで感覚過敏に違いが出ることがあります。

●注意・集中

好きなことに集中していると刺激が気にならなくなることがあります。逆に目の前の課題に集中できないと、ほんの少しの刺激でも過敏反応が大きくなることがあります。

触覚

おはよう！
ムカッ

べたべたしたものに触れない
特定の服の素材、縫い目やタグの感触がとても不快
触れられるだけで痛い

いやなものを無理に身につけたり我慢して触らない

急にさわられるとビックリしちゃうのね
うん…

急に触らないように先に声をかけてもらう

触覚過敏は、自分で自分をマッサージしたり、しっかりと力を加えながら触ってもらう（圧迫刺激）など、刺激を受け入れる練習をすることで改善する場合もあります。

●感覚過敏があるのに表現しにくいタイプの子も

発達障害の子どもの多くは、ほかの人にとっては気にならないレベルの音や光、触れられるなどの刺激をとても不快に感じるという感覚過敏性を持っています。練習することである程度慣れていくものもありますが、根本的には生まれつきの体質ですから簡単に治るものではありません。できるだけ刺激となるものを避けたり、道具などの工夫をしながら、少しでも快適に過ごせるようにうまくつき合っていきましょう。

なかには「気持ち悪い」と感じていても言葉や表情に出ないため気づいてもらえなかったり、その場に立ちすくみ表情も動かない状態に固まってしまう（フリーズ）子もいます。過敏性には親も気づかない場合が意外に多いですから、「本人にとっては耐え難い苦痛」なのだという感覚の違いを想像して、注意深く配慮していくことが大切です。

応用編

こんな感覚過敏・過鈍も

視覚、聴覚、触覚以外にも感覚過敏はあります。敏感に反応しすぎるのとは逆に鈍感すぎる場合もあります。

暑さ・寒さ（温度・湿度）
暑さ、寒さに極端に弱い。

スピードやゆれ
ゆれる感覚が嫌い。ブランコなどで遊べない。

痛み
ちょっとした刺激も痛く感じる。逆にいつも皮膚刺激を与えていないといられない人も。

味覚・嗅覚
普通の好き嫌いとは違い「アルミ箔を噛んでいるよう」「気分が悪くなる」など我慢ができない。

困った行動への対応

パニック・興奮への対応

パニック・興奮が「起こったときどうするか」を知っておくことも大事ですが、原因を取り除いたり環境を整えることによって「起こさないようにする」ことがより大切です。

パニック・興奮への対処の例

気持ちが高ぶったとき、
その気持ちをどう処理したらよいかわからないために
パニックや興奮状態が続くことがあります。

ほかの子をたたく

何かがしたいという理由があったり、何かがいやだったときに、たたいたり、つきとばしたりという乱暴な行動をとってしまいます。

対処法

たたく以外の意思表示を教える、事前に止める

お友達をたたいちゃだめね。我慢できるのね、えらいわ！
たたかないでボクに貸してって、言えばいいのよ

たたく代わりにどうすれば願いがかないやすいかということを、本人にわかるように教えます。よく観察して、手をあげそうな場面で事前に止めることも大切です。

いやなことがあるとかんしゃくを起こす

ガン
ガン

いつもと道順が違ったり、急に予定変更になると落ち着かず大泣きしたり、いやなことがあると暴れて物を投げたりします。

対処法

静かな場所へ連れて行き、落ち着くまで見守る

クッション

気持ちが高ぶっているときには、叱っても、なだめても耳には入りません。本人が落ち着くまでそばで見守ります。危険なものは遠ざけ二次的な事故を防ぎます。

パニック・興奮が起こらないようにすることが大切

感情をコントロールする力が弱い子どもたちは、困ったときや思うようにいかないとき、気持ちを上手に処理できずに爆発させてしまうことがあります。困った場面だけでなく、楽しかったりうれしかったりするときも興奮しすぎて悲鳴をあげたりします。

パニック・興奮状態がピークに達してしまうと、その場でどんなに怒っても、説得しようとしても耳に入らないばかりか、ますます混乱してしまうこともあります。パニック・興奮が起こったときはまずは静かな場所でクールダウンさせます。子どもによって、落ち着きやすい方法は異なりますので、その子が落ち着きやすいグッズなどがあればお守り代わりに持っておくのもよいでしょう。

そして、より大切なことは、なぜその行動を起こすのかの原因を探り、次からはパニックが起こらないように工夫していくことです。

興奮がなかなかおさまらない

好きな運動をすると興奮しすぎてやめられなくなったり、その後もなかなかおさまらず笑い続けたりします。

対処法

落ち着ける場所やグッズを用意しておく

別の部屋に行く、部屋の一角に刺激の少ない避難スペースをつくっておく、持っていると安心できるグッズを渡すなどでクールダウンします。

応用編

静かなパニックもある

パニックにはいろいろな表現の形があり、もめごとを起こすばかりがパニックではありません。なかにはパニックになると体が全く動かない状態にフリーズしてしまう子もいます。言葉も話せない状態なので、どんなに質問しても黙りこくっています。このような行動は強情だと誤解されがちですが、じつはパニックなのだと理解してあげることが大切です。

困った行動への対応

不注意への対応

紙のカサカサという音、集団のザワザワする物音などすべてが刺激になって気が散る子がいます。自分では一生懸命集中しようと思ってもうまくいきません。環境に配慮し、そのつど注意を戻していきます。

注意集中の難しさ

発達障害の子どものなかには、
適切に注意を向けることや感情を
コントロールすることが難しい子がいます。

指示を聞いていない
片づけや準備で混乱する
手先をいじる
よそ見・私語
今のお話わかった人は手をあげて！
ハ～イ！

注意がそれたら、
そのつど元に戻すようなはたらきかけをします。
戻し方に工夫をしていきましょう。

工夫する

A君、クレヨンは先生に渡して
みんなこっちを見てね
お話聴こうね
ハ～イ！

一度に多くのことをしようとして混乱するので「一度に1つずつ」 → 絵カードなどを活用して短い区切りで教える

おべんとう
あしたのようい

不注意はそのつど注意を向ける

発達障害の子どものなかには、周りの刺激に断片的に注意が向かい、不注意な行動が目立つ子が見られます。周りを見て判断することが苦手だったり、知識があるように見えても親や先生が教えようとしているポイントがわかっていないこともあります。相手の意図がわかりにくい彼らにとっては、適切に注意を向けることは難しいのです。

しかし「話を聞くこと」「約束を守ること」が大事だとわかっていないわけではありません。それでも、特性上どうしても注意散漫になってしまうため、できるかぎり環境を調整するなどの配慮が必要になります。

適切な行動を一つずつ短い区切りで明確にしたり、必要な手がかりをわかりやすく提示したりして、注意を向けるべきものにしっかりと向かわせ、そのつど確認をくり返すことが基本です。

応用編

約束を守るための工夫

「約束を破るな」といくら注意しても、それだけでできるようにはなりません。話しことばは頭のなかに残らず定着しにくいですから、約束は文字に書いたり、絵に描いたりして一つひとつ確認できるように工夫しましょう。

POINT

「よそ見しない」行動ではなく「注意を向ける」行動を増やす

「○○しないようにしたい」という希望は指導する大人の側からよく聞かれる言葉ですが、行動について考えるとき「○○しない行動」というものはありません。「よそ見しない行動を増やす」のではなく「注意を向ける」と考えます。さらに、困った行動を減らすことばかり考えるのではなく、それに置き換わる望ましい行動（「そこにいて話を聞く」など）を増やすのだと考えましょう。

POINT

注意を向けていないことは覚えていない

発達障害の子どもは興味のあることや過去の体験を詳細に覚えていたりして、一般に記憶力がよいと思われています。しかし、注意を向けたことは覚えていても、注意を向けていないことは覚えていません。知識があるように見えても、意味や断片的なエピソードが頭のなかでうまくまとまらないため、実際の場面でうまく使えないこともあります。

遊びの発達と学習の基礎

遊び方を知る

自由遊びは間違った学習の宝庫。大人が遊び方を教えていく必要があります。無理やりルールを説得するのではなく、楽しい遊びを通して、だんだんと望ましい行動ができるようにしていきます。

遊びに見られる特性

特性上、一人で遊ぶのが好きだったり、遊びを成り立たせている暗黙のルールがわからない場合があります。

ボク、オニはいやだよ
タッチ！Bくんがオニだよ
エッ
ルールがわかりにくい
いちばんじゃなきゃいや！
勝ちにこだわる
感覚遊びに没頭する

徐々に遊びを広げる

遊ぶ楽しさを大切にしながら、その子に合った方法で徐々にルールのなかで楽しめるようにしていきます。

取り組んでできたことを認めていく
Dちゃんがあんなにがんばって先生うれしかったよ！
守るべきルールを１つにしぼって、絵などでわかりやすく説明する
タッチされた人が次のオニになります
オニ
A
B
かわるよ
オニ
B
オニもかわりばんこね
タッチすればいいんだ
おともだちにタッチすればいいんだよ
まずは同じ空間にいて一人遊び
慣れてきたら少しだけ入り込む

楽しむことや喜ぶことを大切に

　遊びには段階があります（表）が、自閉症スペクトラムの子どもは、感覚遊びや自己刺激的な行動を好み、遊びが発展しにくいようです。大人がかかわって遊びを広げていく必要があります。

　ただし、ほかの子と同じペースで同じ遊びをさせようと無理に促すのは得策ではありません。まずは人に慣れる、場に慣れるということを目標に、「安心して好きな遊びを楽しめる」環境をつくります。慣れてきたら、次に、大人が一緒に同じ遊びを楽しんだり、その子の興味のあるもののなかで少し方法を変えてみるというように、子どもが楽しむことや喜ぶことを大切にしながら、大人も同じ時間を楽しみましょう。好きな遊びを通した楽しいかかわりのなかで、コミュニケーションの力も育てられます。

応用編

まずは安心して一人遊びができることから

　子どもは、安心できる環境があって初めて、ほかの子と遊ぶことに興味を持てるようになります。まずは安心して好きな感覚遊びができることが最初のステップとなります。人や場所に慣れてきたら、徐々に保育者が入り込んでいきます。次のように段階を経て、ルールのある遊びができるようになっていきます。

一人で遊ぶ
▼
信頼できる大人と遊ぶ
▼
信頼できる大人と一緒にほかの子とも遊ぶ
▼
ルールのある遊びをほかの子どもと遊ぶ

POINT

自由遊びはときに誤学習につながる

　遊びのなかにも社会の縮図となるようなルールが存在しますが、それらは教えられなければ、自然にはわかりません。「いやがればやらなくていい」「いつも一番でなければいけない」などの間違った自分なりのルールをつくっていかないように、大人が丁寧にかかわることが大切です。

POINT

とにかく集団に入ればいい？

　一見、集団のなかに入って遊んでいるように見えても、じつはほかの子に言われるがままそこにいるだけだったり、課題が理解できないのにそこにいるだけの状態であることもあります。問題を起こさなければいいのではなく、その子がきちんと遊びを楽しめて、できることを伸ばしていっているか、注意深く観察しましょう。

＊遊びの段階

①感覚遊び	水・砂いじり、太鼓たたき、泥こね　など
②運動遊び	転がる、遊具遊び、ボール遊び　など
③模倣遊び	ままごと、ごっこ遊び、リズム遊び　など
④受容遊び	絵本を見る、紙芝居を見る、テレビを見る　など
⑤構成遊び	積み木、粘土、折り紙、絵、工作　など

資料：児童発達研究会編『児童の発達と教育』（田研出版）

音への気づき（言葉の獲得）

言葉を覚えるベースには音を正しく認識することがあります。言葉遊びを通じて、言葉の習得の基礎を身につけていきましょう。

意味のある言葉を発するまでには、いくつかのプロセスがあります。

音が聴覚刺激として伝達される
▼
音に注意を向ける
▼
音の意味を理解する
▼
意思を伝えたいという気持ちを持つ
▼
気持ちを言葉として構成する
▼
意味のある言葉を発する

らくだ
ra ku da

資料：片山義弘・片野隆司『障害児保育』（福村出版）

音を認識する力を確認すると同時に、自然な学びにもなります。「教える」というよりは「一緒に楽しみコミュニケーションを広げる」ことを心がけて。

言葉遊びで音への気づきを促す

らくだの
反対はな〜に？
エーと…

反対言葉

らくだ
だちょう！
ワクワク

しりとり

やくそくを
やぶった
さるさんは…

絵本の読み聞かせ

ら○だ
○に
入る言葉は
何でしょう？

言葉遊び

言葉の発達には段階がある

子どもの言葉が遅れていると気になるものですが、言葉の発達には段階があり、個人差もあります。

発達のどの段階にいるのかを考えると、次の課題も見えやすくなるでしょう。相手を意識する、こちらのはたらきかけが伝わるといったコミュニケーションの土台ができていることも大切です。

喃語《なんご》（言葉にならないおしゃべり）
◀ かけ声言葉（あいさつなど）
◀ 単語
◀ オウム返し
◀ 二語文
◀ 三語文

音を認識する力を見極める

人は生まれてから、外界の音や声を聞くことによって脳を発達させ、次第に自分でも言葉を発するようになっていきます。言葉を覚える前提の一つとして、「音への気づき（フォノロジカル・アウェアネス）」が重要視されるようになってきています。たとえば「らくだ」という言葉は「ら」と「く」と「だ」からできているというように、話し言葉はその文化圏の言語のルールに従って、音を区切りながら発声しています。この音の認識が弱いと、なかなか文字習得に結びつかず、そのままではいずれ読み書きに困難をきたしてくることが予想されます。この音の区切りがわかっているかどうかは、反対言葉やしりとりのような言葉遊びで確認できます。言葉遊びや絵本の読み聞かせなど、その子が楽しみながら言葉を覚えていけるように、工夫していきましょう。

応用編　コミュニケーションを大切に

朝起きて、着替えて、食事をし、遊び、夜寝るまで大人と一緒に生活するなかで、意思を伝えたり、大人からのはたらきかけを受け取ったりすることをくり返し体験することで、言葉は身についていきます。一方的に教えようとするよりも、身ぶりや絵、好きなものを使ってでも、わかり合える喜びを共有していくよう心がけましょう。

言葉
コミュニケーション
大人と一緒に活動する

POINT

音素と韻律

一つの言葉は、最小の音声単位（音素）の集合として成り立っています。一方、言葉は「音の長さ」「音の強さ」「リズム」「音の高さ」といった韻律的特徴も持っています。どんな調子で発するかによっても、その言葉の表す意味は変わってくるのです。

POINT

表出言語と理解言語がアンバランス

自閉症スペクトラムの子どもは、一見語彙《ごい》が多くよくしゃべっていても、意味が理解できていないことがあります。一方で、言葉は理解しているがコミュニケーションが苦手なためにしゃべらないこともあります。その子が今、どんな段階にいて、何が課題なのかを見極めることが大切です。

POINT

サ行、ラ行は後から発達する

発音は、母音（アイウエオ）→両唇音（マ、パなど）→その他の子音の順で発達するといわれ、特にサ行、ラ行は後から発達するものなので、定型発達の子どもでも幼児期にはうまく言えないことが少なくありません。

発音が気になる場合は言語聴覚士に相談しましょう。

遊びの発達と学習の基礎

数と量

抽象的な概念である数は、発達障害の子どもにとっては難しい分野です。周囲の大人が意識して補っていく必要があります。

認知のアンバランスさ

視覚的・聴覚的認知のアンバランスさを持っている発達障害の子どもは、頭の中で数をイメージするのが困難です。

ある数の量が基準量に対してどのくらいかイメージできない

5
とすると
10はどのくらいかわからない

数詞と数字の相対的な量のイメージがマッチングしない

いち	1	○
に	2	○○
さん	3	○○○

生活のなかで数の意識を育てる

生活のあらゆる場面に数はあふれています。その子にわかりやすい方法で、そのつど数を意識したり数を数えたりすることをくり返していきましょう。

一人
1コだよ

物と対応して数える

大きさ比べ

どっちが大きい?
↓
長さ、高さに発展

数をまとまりとしてとらえる

2つで1足

そうね、
みっつは“3”と
書くのよ
3
みっつ

数と数詞を対応させる

数を量に置き換える工夫

好きな数だけ
あげます
5のほうが
多い!
2
5
ワーイ!

抽象的な概念をイメージ化する力が弱い

数はそもそも抽象的な概念です。抽象的なことをイメージする力が弱い子どもは、頭の中で数をあやつることが難しく、算数でのつまずきが予想されます。数学者のような難しい公式はわからなくても、必要最低限の算数が理解できなければ生活していくことは困難です。テレビのチャンネルやエレベーター、家族の人数分の食器など、暮らしにあふれる数を活用して、楽しく数を意識できるようになるのが望ましいでしょう。

苦手だからといって、将来もずっとわからないわけではありません。コツさえつかめばその子自身の理解度は上がっていきますから、画一的な学習で苦手意識を生まないように、「この子がわかりやすいのはこういう方法らしい」というやり方をいかに見つけ、いかに教えていくかが、周囲の大人の課題といえるでしょう。

応用編

集合数と順序数

数を教えるときは、まとまりを意識する方法（集合数）と、順番に数えていく方法（順序数）があります。量的に裏付けられた集合数のほうが、イメージは結びつきやすいかもしれません。ただし、どんな方法がわかりやすいかは人それぞれなので、合ったやり方を探しましょう。

集合数　3匹のネズミさん

順序数　3番目のネズミさん

POINT

一人ひとりの認知の特性や感覚の特徴を把握しよう

数を理解して計算できるためには、さまざまな情報処理が行なわれており、発達障害の子どもたちはその認知のアンバランスさから、つまずくことが多く見られます。ただ、そのつまずき方や支援のニーズは一人ひとり異なり、目で見たほうがわかりやすい子もいれば、耳で覚えたほうがいい子もいます。その子の感覚の特徴をよく理解することが第一歩です。

「量の比較」から「数」へ

視覚的にイメージしやすい物の量や大きさを比較することができたら、次が量や大きさを考えずに1個を1個としてとらえるステップとなります。

おはじきに置き換えると

ライオン ○ 1　　ネズミ ○ 3

ネズミのほうが多い

遊びの発達と学習の基礎

描く・つくる

絵を描いたり、物をつくったりすることは、さまざまな学習や技能習得の基礎であるだけでなく、豊かな自己表現の力も育てます。

苦手さの背景を知る

お絵描きをめちゃくちゃに描いたり、物の製作に取り組もうとしない子がいます。それはわがままではなく、その子なりの理由があります。

手順がわからない
多動
不器用
プイッ

工夫する

その子のできるレベルに合わせて、楽しく製作できるように工夫します。できた作品はほめて認めてあげることも忘れずに。

できる課題で成功体験に

ぬりえにしたり、ガイドの線を引いておき、なぞれるようにする

みんなのぬりえ

目のはたらきと手の動きを結びつける練習

迷路をなぞる

道具の工夫

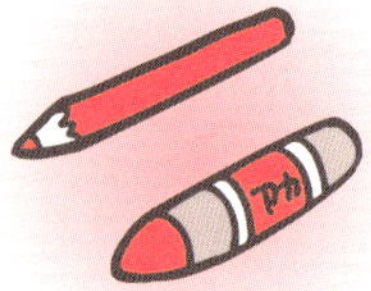

握りやすい太いもの

本人の興味のあるものを

ほらね！
きれいなマルが
描けたね！

軽く手をそえてあげると描きやすくなる

楽しく表現を広げるようにその子に合わせた工夫を

絵を描く・物をつくるなどの造形活動は、心身の発達、なかでも手の機能の発達とイメージ・意思の力と密接にかかわっています。絵を描こうとする欲求を持ち、描くためのイメージができ、目のはたらきと手を結びつけて自由に動かせるようになるにつれて、点や線の「なぐりがき」から次第に模様を描いたり、バランスよく人を描いたりと発展していきます。

造形活動を通してさまざまな素材に触れたり、自由な表現を広げることは、認知や情動の発達にも役立ちます。しかし、始めから自由にと言われても自然にぱっとわかるわけではありません。やり方がわからない子には視覚的にわかりやすく手順を伝えたり、大人が一緒にやってみせたり、工夫をしながら、その子が興味を持って楽しく表現を広げていけるように上手にサポートしていきましょう。

POINT

目のはたらきと手の動きが結びついていないことも

造形活動の際には、手と目を協応させて自由に動かせなければなりませんが、こうした力が弱いとうまく絵を描くことができません。また、物を握る力が弱い、手首がよく動かない、対象をイメージする力が弱いなどさまざまな発達の問題が考えられます。

POINT

具体的な指示を

製作しようとしない子に「なんでもいいから描いて」と言っても、抽象的なことをイメージすることができません。「この線のところまでこの色を塗ろう」といった具体的な指示がないと、何をどこまで描けばいいのかわからずに混乱してしまいます。

応用編

絵日記に挑戦

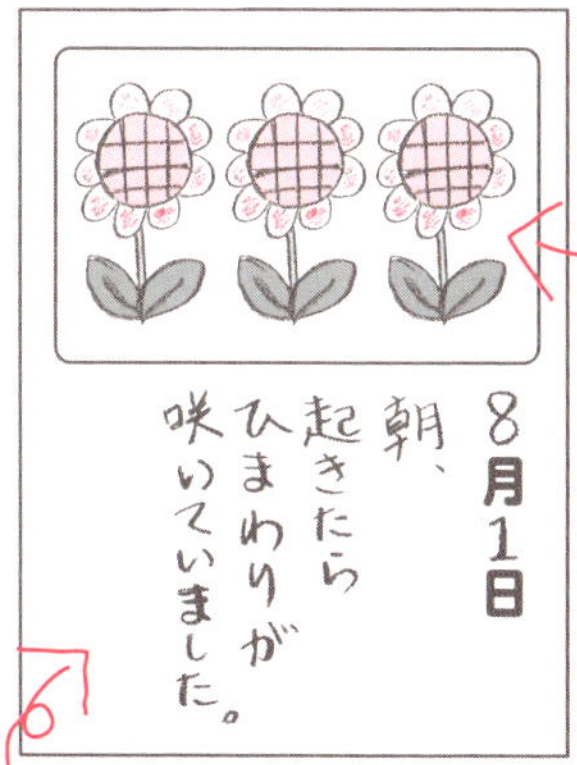
8月1日
朝、
起きたら
ひまわりが
咲いていました。

出来事をイメージする力

文字は親が書けばよい
（書ける場合は、親がうすく書いた文字を上からなぞってもよい）

絵を描くのが好きだったり、文字の習得が比較的スムーズに進んでいる場合なら、年長児になったら夏休みなどを利用して絵だけ絵日記に挑戦してみるのもよいでしょう。

絵日記を書くには、その日に起こった出来事を思い出すイメージの力を養うことができます。まずは「描いた絵にタイトルをつける」ことから始めるのも一つの方法です。絵が苦手な場合は、デジタルカメラで撮った写真を使ってマイアルバムをつくるのもよいですね。

小学校へ向けての基礎

就学へ向けて

幼稚園・保育園の生活と小学校生活はがらりと変わります。
つまずきを防ぐためにも幼児期から就学へ向けての準備をしていきましょう。

楽しい登校へ向けあらかじめ準備を

小学校に入学すると、急に時間割と一定のルールのなかで動くようになり、持ち物もすべて自己管理が求められるようになります。発達障害のある子どもたちは、衝動性・多動性や不注意、感情理解の難しさや状況の読み取りにくさ、こだわりなどの特性から、これまでとは大きく違う集団生活のなかで、つまずくことが多くなります。スムーズに小学校生活を始めるため、幼児期から準備をしていくことが大切です。そのとき問題がなければいいのではなく、長期的な視点に立ったサポートを重ねていきましょう。

小学校生活で求められること

●生活リズム
登校の1時間前には
起きる生活リズムをつくる。
朝ごはんも余裕を持って
食べる。

●給食
給食のメニューは多彩。
さまざまな食材に
慣れておく。
給食は食べる時間も短め。

●着替え
短い時間で速やかに
着替えられる練習を。

●トイレ
小学校は和式トイレが
多いので、公共施設などで
練習しておきたい。
男の子は小便器の使い方も。

●着席して静かに話を聞く
決められた時間は
着席を維持できる練習を。

●持ち物の管理
道具箱など自分の物は
自分で管理する。
日頃から「お片づけ」の
練習をし、
わかりやすく工夫を。

●時間割で動く
日頃から時間を
区切って行動する
習慣をつけておく。

●●●小1プロブレム●●●

1990年代の後半頃から、小学校入学後の児童が集団になじめず、席を立ったりして授業が成立しない状況が問題視されるようになり「小1プロブレム」として新聞などでも取り上げられています。文部科学省が幼稚園・保育所と小学校が積極的に連携するよう基本方針を掲げ、幼稚園で先生の話を静かに聞く時間を設けたり、幼児期に体験入学の機会をつくるなどの取り組みも始まっています。家庭でも日頃から根気よく取り組んで、基本的な生活習慣や新しい環境への適応力を養っていくことが大切です。

集団のルールを守れないと、失敗体験や叱責につながりやすく、クラスのなかでも阻害されたり、本人も集団参加への意欲が低下してしまいます。なかには、一見問題がないように見えるけれども、根底では無理をしている場合もありますから、周囲が注意深く配慮する必要があります。「こうすればうまくいく」という肯定感を持てないまま学童期を過ごすと、「自分はどうせ何をやってもだめなんだ」と自己評価がどんどん低くなる悪循環に陥ります。そのまま思春期になると、問題は深刻化し、多くはうつなどの二次的な精神疾患を合併し、不登校やひきこもり、自傷、摂食障害、暴力などにつながる場合もあります。

幸せな未来を描けるために

自立した大人になるためには、「アンバランスな自分だけれども、困ったら周りにサポートしてもらいながらやっていける」という自信を育てることが大切です。そのためには「君はちゃんと愛されてきたし、ちゃんと教えてもらっていろいろなことができるようになったよね」という肯定的な見方を、幼い頃から本人のなかに蓄積していくことが重要なのです。問題がこじれたところでそれを確認し直す作業は容易ではありません。将来の道筋をつくっていくのは、毎日の積み重ねだという長期的な視点を忘れずに、本人が幸せな未来を描けるよう、サポートしていきましょう。

夏休みの過ごし方

長期の休みでも、普段と同じ生活リズムをくずさないように心がけましょう。夏休みを利用して、数分でも机に向かい絵日記などの課題に取り組んだり、映画鑑賞に出かけてじっと座って見続ける練習などをするのもよいでしょう。養育者は日々のかかわる時間が増えるので、がんばりすぎず、適度な休息をとることも大切です。

応用編 就学先を選ぶとき

就学時期が近づくと、就学先の選択に悩む保護者が多く見られます。小学校に入れるか、特別支援学校に入れるか。また、小学校でも通常学級と特別支援学級という選択肢があります。これにはすべての人に当てはまる唯一の回答はありません。入学時に特別支援学級に入って学校のルールを学び、通常学級に移ることもあります。学校によっていろいろな指導方針がありますし、家庭条件や地域のサポート資源は利用できるのか、などによっても異なります。いずれにしても、子どもが安心して学べる環境を選べるように、現実的に考えましょう。その子にはどんな支援が必要なのかを考えていく丁寧なかかわりが大切です。

子育てに丁寧な工夫を！

Aくん、最近外に飛び出すことが少なくなったみたい
小さいボリューム
音楽から遠いところ
ときどきパニックになるけど先生のお部屋でクールダウンすればいいね
家でもごはんのときは座っているように言っています
あと好き嫌いなく食べられるように工夫しています
そうね
にんじん食べられるよ
うちは食事の時間を少し早くしたんです
今まで眠くてぐずぐずしていたのがなくなってスムーズに食べられるようになりました
早く相談してよかったです
リズムが難しい子っているんですよね
うちの子は不器用でおとなしかったけれど、お片づけやお手伝いを一緒にやるようにしたら明るい表情も出てきたみたい
お片づけ大好き！
日曜日はお父さんにも遊んでもらおうね
うん！

苦手なことがあっても、うまくいくやり方を知れば
少しずつできるようになります。
素敵な大人へ向けて、子育てに丁寧な工夫をしていきましょう。

幼稚園でもだんだんほかの子と遊ぶことが増えてきましたよ
今は先生も一緒
Dちゃんもスケジュールをあらかじめ掲示して知らせるようにしたら怒ることが少なくなりました
みんなにもわかりやすいみたいでよかったです
家でも毎日スケジュールを紙に書いて見せるようにしました
かばんをひっかける
すもっくをぬぐ
てをあらう
テレビをみる
ごはんをたべる
順番にこだわらないように毎日変えます
そうしたら新しいことへの抵抗も少ないみたいで。夏休みに映画館でじっと座っている練習もしたのよね
うん！
みなさん工夫されていますね。幼児期はまず大人と一緒に楽しめる体験をたくさんすることを心がけてください
幼稚園の先生方は「やっと卒園してくれた」で終わりではありませんよ
家庭ではよい親子関係をつくってください
ドキ！
この先どんなことが必要かを考えることが大切なんですね
みんな小学校でも楽しく勉強してね
いろいろ工夫してできることを増やしていきましょうね

巻末資料

発達障害に関する相談・支援機関

発達障害者支援センター　一覧

（平成23年3月現在）

北海道　北海道発達障害者支援センター「あおいそら」
☎0138-46-0851　〒041-0802 北海道函館市石川町90-7　2階

北海道発達障害者支援道東地域センター「きら星」
☎0155-38-8751　〒080-2475 北海道帯広市西25条南4-9　地域交流ホーム「虹」内

北海道発達障害者支援道北地域センター「きたのまち」
☎0166-38-1001　〒078-8329 北海道旭川市宮前通東4155-30 旭川市障害者福祉センター　おぴった1階

札幌市　札幌市自閉症・発達障がい支援センター「おがる」
☎011-790-1616　〒007-0032 北海道札幌市東区東雁来12条4-1-5

青森県　青森県発達障害者支援センター「ステップ」
☎017-777-8201　〒030-0822 青森県青森市中央3-20-30　県民福祉プラザ3階

岩手県　岩手県発達障がい者支援センター「ウィズ」
☎019-601-2115　〒020-0401 岩手県盛岡市手代森6-10-6 岩手県立療育センター相談支援部内

宮城県　宮城県発達障害者支援センター「えくぼ」
☎022-376-5306　〒981-3213 宮城県仙台市泉区南中山5-2-1

仙台市　仙台市発達相談支援センター「アーチル」
☎022-375-0110　〒981-3133 宮城県仙台市泉区泉中央2-24-1

秋田県　秋田県発達障害者支援センター「ふきのとう秋田」
☎018-826-8030　〒010-1407 秋田県秋田市上北手百崎字諏訪ノ沢3-128　秋田県立医療療育センター内

山形県　山形県発達障がい者支援センター
☎023-673-3314　〒999-3145 山形県上山市河崎3-7-1　山形県立総合療育訓練センター内

福島県　福島県発達障がい者支援センター
☎024-951-0352　〒963-8041 福島県郡山市富田町字上の台4-1　福島県総合療育センター南棟2階

茨城県　茨城県発達障害者支援センター
☎029-219-1222　〒311-3157 茨城県東茨城郡茨城町小幡北山2766-37　社会福祉法人梅の里療育センター内

栃木県　栃木県発達障害者支援センター「ふぉーゆう」
☎028-623-6111　〒320-8503 栃木県宇都宮市駒生町3337-1 とちぎリハビリテーション内

群馬県　群馬県発達障害者支援センター
☎027-254-5380　〒371-0843 群馬県前橋市新前橋町13-12　群馬県社会福祉総合センター７階

埼玉県　埼玉県発達障害者支援センター「まほろば」
☎049-239-3553　〒350-0813 埼玉県川越市大字平塚新田東河原201-2

さいたま市　さいたま市発達障害者支援センター
☎048-859-7422　〒338-0013 埼玉県さいたま市中央区鈴谷7-5-7　さいたま市障害者総合支援センター内1階

千葉県　千葉県発達障害者支援センター「CAS（きゃす）」
☎043-227-8557　〒260-0856 千葉県千葉市中央区亥鼻2-9-3

千葉市　千葉市発達障害者支援センター
☎043-303-6088　〒261-0003 千葉県千葉市美浜区高浜4-8-3　千葉市療育センター内

東京都　東京都発達障害者支援センター「TOSCA（トスカ）」
☎03-3426-2318　〒156-0055 東京都世田谷区船橋1-30-9

神奈川県　神奈川県発達障害支援センター「かながわＡ（エース）」
☎0465-81-3717　〒259-0157 神奈川県足柄上郡中井町境218

横浜市　横浜市発達障害者支援センター
☎045-290-8448　〒221-0835 神奈川県横浜市神奈川区鶴屋町3-35-8　タクエー横浜西口第2ビル7階

川崎市　川崎市発達相談支援センター
☎044-223-3304　〒210-0006 神奈川県川崎市川崎区砂子1-7-5　タカシゲビル３階

山梨県　山梨県発達障害者支援センター
☎055-254-8631　〒400-0005 山梨県甲府市北新1-2-12　山梨県福祉プラザ３階

長野県　長野県発達障害者支援センター
☎026-227-1810　〒380-0928 長野県長野市若里7-1-7　長野県社会福祉総合センター2階
長野県精神保健福祉センター内

岐阜県　岐阜県発達支援センター「のぞみ」
☎058-233-5116　〒502-0854 岐阜県岐阜市鷺山向井2563-57　岐阜県立希望が丘学園内

伊自良苑発達障害者支援センター
☎0581-36-2175　〒501-2122 岐阜県山県市藤倉84

静岡県　静岡県発達障害者支援センター（診療所あいら）
☎054-286-9038　〒422-8031 静岡県静岡市駿河区有明町2-20　静岡県こども家庭相談センター総合支援部

静岡市　静岡市発達障害者支援センター「きらり」
☎054-285-1124　〒422-8006 静岡県静岡市駿河区曲金5-3-30

浜松市　浜松市発達相談支援センター「ルピロ」
☎053-459-2721　〒432-8023 静岡県浜松市中区鴨江2-11-1

愛知県　あいち発達障害者支援センター
☎0568-88-0811（内2222）　〒480-0392 愛知県春日井市神屋町713-8
愛知心身障害者コロニー運用部療育支援課

名古屋市　名古屋市発達障害者支援センター「りんくす名古屋」
☎052-757-6140　〒466-0858 愛知県名古屋市昭和区折戸町4-16　児童福祉センター内

三重県　三重県自閉症・発達障害支援センター「あさけ」
☎059-394-3412　〒510-1326 三重県三重郡菰野町杉谷1573

三重県自閉症・発達障害支援センター「れんげ」
☎0598-86-3911　〒519-2703 三重県度会郡大紀町滝原1195-1

新潟県　新潟県発達障がい者支援センター「ＲＩＳＥ（ライズ）」
☎025-266-7033　〒951-8121 新潟県新潟市中央区水道町1-5932　新潟県はまぐみ小児療育センター2階

新潟市　新潟市発達障がい支援センター　「JOIN（ジョイン）」
☎025-234-5340　〒951-8121 新潟県新潟市水道町1-5932-621

富山県　富山県・自閉症発達障害支援センター「あおぞら」
☎076-438-8415　〒931-8443 富山県富山市下飯野36

富山県発達障害者支援センター「ありそ」
☎076-436-7255　〒930-0143 富山県富山市西金屋字高山6682

石川県　石川県発達障害支援センター
☎076-238-5557　〒920-8201 石川県金沢市鞍月東2-6　石川県こころの健康センター内

発達障害者支援センター「パース」
☎076-257-5551　〒920-3123 石川県金沢市福久東1-56 オフィスオーセド2階

福井県　福井県発達障害児者支援センター「スクラム福井」嶺南（敦賀）
☎0770-21-2346　〒914-0144 福井県敦賀市桜ヶ丘町8-6　野坂の郷内

福井県発達障害児者支援センター「スクラム福井」福井
☎0776-22-0370　〒910-0005 福井県福井市大手3丁目7-1-210　繊協ビル2階

福井県発達障害児者支援センター「スクラム福井」奥越（大野）
☎0779-66-1133　〒912-0061 福井県大野市篠座79-53　希望園内

滋賀県　滋賀県発達障害者支援センター「いぶき」
☎0749-52-3974　〒521-0016 滋賀県米原市下多良2-47　平和堂米原店3階

京都府　京都府発達障害者支援センター「はばたき」
☎0774-68-0645　〒610-0331 京都府京田辺市田辺茂ヶ谷186-1 京都府立こども発達支援センター内

京都市　京都市発達障害者支援センター「かがやき」
☎075-841-0375　〒602-8144 京都府京都市上京区丸太町通黒門東入藁屋町536-1

大阪府　大阪府発達障がい者支援センター「アクトおおさか」
☎06-6100-3003　〒532-0023 大阪府大阪市淀川区十三東3-18-12 イトウビル1階

大阪市　大阪市発達障害者支援センター「エルムおおさか」
☎06-6797-6931　〒547-0026 大阪府大阪市平野区喜連西6-2-55
大阪市立心身障害者リハビリテーションセンター2階

堺市　堺市発達障害者支援センター
☎072-276-7011　〒593-8301 大阪府堺市西区上野芝町2-4-1　堺市立北こどもリハビリテーションセンター内

兵庫県　ひょうご発達障害者支援センター「クローバー」
☎0792-54-3601　〒671-0122 兵庫県高砂市北浜町北脇519

加西ブランチ　☎0790-48-4561　〒675-2202 兵庫県加西市野条86-93

芦屋ブランチ　☎0797-22-5025　〒659-0015 兵庫県芦屋市楠町16-5

豊岡ブランチ　☎0796-37-8006　〒668-0065 兵庫県豊岡市戸牧1029-11

宝塚ブランチ　☎0797-71-4300　〒666-0035 兵庫県宝塚市逆瀬川1-2-1 アピア1　4階

神戸市　神戸市こども家庭センター発達障害ネットワーク推進室
☎078-382-2760　〒650-0044 兵庫県神戸市中央区東川崎町1-3-1

奈良県　奈良県発達障害支援センター「でぃあ～」
☎0742-62-7746　〒630-8424 奈良県奈良市古市町1-2　奈良仔鹿園内

和歌山県　和歌山県発達障害者支援センター「ポラリス」
☎073-413-3200　〒641-0044 和歌山県和歌山市今福3-5-41　愛徳医療福祉センター内

鳥取県　『エール』鳥取県発達障がい者支援センター
☎0858-22-7208　〒682-0854 鳥取県倉吉市みどり町3564-1　鳥取県立皆成学園内

島根県　島根県東部発達障害者支援センター「ウィッシュ」
☎050-3387-8699　〒699-0822 島根県出雲市神西沖町2534-2

島根県西部発達障害者支援センター「ウィンド」
☎0855-28-0208　〒697-0005 島根県浜田市上府町イ2589　「こくぶ学園」内

岡山県　おかやま発達障害者支援センター
☎086-275-9277　〒703-8555 岡山県岡山市北区祇園866

おかやま発達障害者支援センター　県北支所
☎0868-22-1717　〒708-8510 岡山県津山市田町31　津山教育事務所内

広島県　広島県発達障害者支援センター
☎082-497-0131　〒739-0133 広島県東広島市八本松町米満461　社会福祉法人つつじウィング内

広島市　広島市発達障害者支援センター
☎082-568-7328　〒732-0052 広島県広島市東区光町2-15-55　広島市こども療育センター内

山口県　山口県発達障害者支援センター「まっぷ」
☎083-929-5012　〒753-0302 山口県山口市大字仁保中郷50

徳島県　徳島県発達障害者支援センター
☎088-642-4000　〒779-3124 徳島県徳島市国府町中360-1　徳島県立あさひ学園内

香川県　香川県発達障害者支援センター「アルプスかがわ」
☎087-866-6001　〒761-8057 香川県高松市田村町1114　かがわ総合リハビリテーションセンター内

愛媛県　愛媛県発達障害者支援センター「 あい・ゆう」
☎089-955-5532　〒791-0212 愛媛県東温市田窪2135 愛媛県立子ども療育センター内

高知県　高知県立療育福祉センター発達支援部
☎088-844-1247　〒780-8081 高知県高知市若草町10-5

福岡県　福岡県発達障害者支援センター「ゆう・もあ」
☎0947-46-9505　〒825-0004 福岡県田川市夏吉4205-7

福岡県発達障害者支援センター「あおぞら」
☎0942-52-3455　〒834-0122 福岡県八女郡広川町一条1363-1

北九州市　北九州市発達障害者支援センター「つばさ」
☎093-922-5523　〒802-0803 福岡県北九州市小倉南区春ヶ丘10-2　北九州市立総合療育センター内

福岡市　福岡市発達障がい者支援センター「ゆうゆうセンター」
☎092-845-0040　〒810-0065 福岡県福岡市中央区地行浜2-1-6　福岡市発達教育センター内

佐賀県　佐賀県発達障害者支援センター「結」
☎0942-81-5728　〒841-0073 佐賀県鳥栖市江島町字西谷3300-1

長崎県　長崎県発達障害者支援センター「しおさい（潮彩）」
☎0957-22-1802　〒854-0071 長崎県諫早市永昌東町24-3　長崎県こども医療福祉センター内

熊本県　熊本県発達障害者支援センター「わっふる」
☎096-293-8189　〒869-1217 熊本県菊池郡大津町森54-2

大分県　大分県発達障がい者支援センター「イコール」
☎097-586-8080　〒879-7304 大分県豊後大野市犬飼町大寒2149-1

宮崎県　宮崎県中央発達障害者支援センター
☎0985-85-7660　〒889-1601 宮崎県宮崎郡清武町大字木原4257-7　ひまわり学園内

宮崎県延岡発達障害者支援センター
☎0982-23-8560　〒889-0514 宮崎県延岡市櫛津町3427 - 4　ひかり学園内

宮崎県都城発達障害者支援センター
☎0986-22-2633　〒885-0094 宮崎県都城市都原町7171　高千穂学園内

鹿児島県　鹿児島県発達障害者支援センター
☎099-264-3720　〒891-0175 鹿児島県鹿児島市桜ヶ丘6-12　鹿児島県児童総合相談センター内

沖縄県　沖縄県発達障害者支援センター「がじゅま～る」
☎098-982-2113　〒904-2173 沖縄県沖縄市比屋根5-2-17　沖縄小児発達センター内

情報 ▶ 発達障害情報センター　http://www.rehab.go.jp/ddis/
日本発達障害ネットワーク（JDDネット）　http://jddnet.jp/

NPO法人　アスペ・エルデの会
当事者・専門家・スタッフ・親で組織し、当事者の社会的自立のための支援に取り組む。
また、自助会、専門家養成、発達支援についての啓発、研究などの統合的な活動を行なっている。
●ペアレントトレーニングや子育てサポートセミナーの実施
●当事者向け、家族向け、支援者向けなど各種セミナーの実施
●発達障害への理解を促すサポートブックの発行
なども行なっている。　http://www.as-japan.jp/j/

〈参考文献〉

子どもたちの「できること」を伸ばす－発達障害のある子どものスキル・トレーニング実践－
辻井正次　「こころの科学」第146号～第156号（日本評論社）

「児童心理」2009年12月号臨時増刊 No.906（金子書房）

「子どもの心と学校臨床」第２号（遠見書房）

『そだちの臨床』杉山登志郎著（日本評論社）

『発達に遅れがある子どもの日常生活指導　1 食事指導編』

飯田雅子・（財）鉄道弘済会総合福祉センター弘済学園著（学習研究社）

『発達に遅れがある子どもの日常生活指導　2 着脱・洗面・入浴編』

飯田雅子・（財）鉄道弘済会総合福祉センター弘済学園著（学習研究社）

『発達に遅れがある子どもの日常生活指導　3 排泄指導編』

飯田雅子・（財）鉄道弘済会総合福祉センター弘済学園著（学習研究社）

『はじめてみよう　て・ゆびの療育－自閉症スペクトラムを中心に－』

日原信彦・中山修監修（ミネルヴァ書房）

『はじめてみよう　ことばの療育－自閉症スペクトラムを中心に－』

佐竹恒夫・東川健監修（ミネルヴァ書房）

『こんなとき、どうする？　発達障害のある子への支援［幼稚園・保育園］』

内山登紀夫監修／諏訪利明・安倍陽子編（ミネルヴァ書房）

『授業をたのしく支援する　教えてみよう算数』小笠毅著（日本評論社）

『ハンディのある子どもの保育ハンドブック』徳田克己・遠藤敬子著（福村出版）

特定非営利活動法人　アスペ・エルデの会発行　サポートブック

●本人向け

「リラックスのしかたをおぼえよう」 ▶ p.62 リラックスのしかた
「どうすればいい？　こんなときあんなとき」 ▶ p.76 困ったときに助けを求める
「きちっと君の練習帳１・２」 ▶ p.70 こだわりの調整
「このイヤな感覚どうしたらいいの？」 ▶ p.72 感覚過敏への対応
「こだわり行動攻略 BOOK」
「やってみよう！ためしてみよう！（こだわり行動攻略 BOOK）」 ▶ p.70 こだわりの調整
「いろんな気もち」
「みんなちがってみんないい」
「気分は変えられる」
「読書感想文のためのワークブック　自分のことばを見つけよう！　社会読み物編／科学読み物編／物語編」
「ともだちとおしゃべりするってたのしいね」
「自分らしさをみつけるために」

●家族向け　▶ p.40 ペアレント・トレーニング／ p.42 ほめ上手・整え上手になる

「はじめの一歩だよ」

「ペアレンティング・トレーニングワークブック初級２・３」

「ペアレンティングトレーニング１・２」

「子育てが楽しくなる５つの魔法」

「みつけておしえてやってみよう」

「お母さん・お父さんの子育て頭の整理法　かんたん！トライアル」

「あらたな発見ここからスタート」

「わたしはわたしボクはボク」 ▶ p.44 きょうだいのサポート

●支援者向け

「明日の子どもたちのために」

監修者紹介

杉山登志郎（すぎやま・としろう）

1951年生まれ。久留米大学医学部卒業。同大学卒業後、久留米大学医学部小児科学教室、名古屋大学医学部精神医学教室に入局。その後、愛知県心身障害者コロニー中央病院精神科医長などを経て、カリフォルニア大学ロサンゼルス校神経精神医学研究所に留学。名古屋大学医学部精神科助手を経て、静岡大学教育学部教授、名古屋大学医学部非常勤講師、あいち小児保健医療総合センター心療科部長兼保健センター長を歴任。現在浜松医科大学児童青年期精神医学講座特任教授。

●著書

「発達障害の子どもたち」（講談社）
「子ども虐待という第四の発達障害」（学研）
「発達障害の豊かな世界」（日本評論社）など多数。

辻井正次（つじい・まさつぐ）

1963年生まれ。中京大学教授。NPO法人「アスペ・エルデの会」統括ディレクター・理事長。子どものこころの発達研究センター客員教授。1992年、名古屋大学大学院教育学研究科博士後期課程満期退学。同年に高機能広汎性発達障害の子どもを支援する会、アスペの会を設立。現在の発達障害児・者のための生涯発達支援システム「アスペ・エルデの会」となる。講演や研究活動、イルカセラピーに代表される余暇支援など、発達障害者支援にかかわる活動は多岐にわたり、同時に専門家育成にも尽力を続ける。

●著書

「特別支援教育ではじまる楽しい学校生活の創り方
―軽度発達障害の子どもたちのために」（河出書房新社）
「広汎性発達障害の子どもたち
―高機能自閉症・アスペルガー症候群を知るために」
（ブレーン出版）など。

協力

特定非営利活動法人アスペ・エルデの会　http://www.as-japan.jp/j/

アスペ・エルデの会は、発達障害を持つ子どもたちの支援の場、自助会、専門家養成、発達支援についての啓発、発信点、研究機関を統合的に目指していく「生涯発達援助システム」です。

編集協力／コパニカス・塚越小枝子
カバー・デザイン／CYCLE DESIGN
本文デザイン／菅沼　画
カバー・本文イラスト／月山きらら
校閲／校正舎楷の木
編集担当／横塚利秋

＊本書に関するご感想、ご意見、ご質問がございましたら、書名記入の上、下記メール・アドレス宛にお願いいたします。
firstedit@tatsumi-publishing.co.jp

「発達障害のある子どもができることを伸ばす！ / 幼児編」

2011年　9月20日　初版第 1 刷発行
2017年11月10日　初版第11刷発行

監修者　杉山登志郎／辻井正次
協　力　特定非営利活動法人アスペ・エルデの会
発行者　穂谷竹俊
発行所　株式会社日東書院本社
〒160-0022　東京都新宿区新宿２丁目15番14号　辰巳ビル
TEL：03-5360-7522（代表）
FAX：03-5360-8951（販売）
URL：http://www.TG-NET.co.jp

印刷所／図書印刷株式会社　製本所／株式会社宮本製本所